Estudos em psicologia

FUNDAÇÃO EDITORA DA UNESP

Presidente do Conselho Curador
Herman Voorwald

Diretor-Presidente
José Castilho Marques Neto

Editor-Executivo
Jézio Hernani Bomfim Gutierre

Assessor Editorial
Antonio Celso Ferreira

Conselho Editorial Acadêmico
Alberto Tsuyoshi Ikeda
Célia Aparecida Ferreira Tolentino
Eda Maria Góes
Elisabeth Criscuolo Urbinati
Ildeberto Muniz de Almeida
Luiz Gonzaga Marchezan
Nilson Ghirardello
Paulo César Corrêa Borges
Sérgio Vicente Motta
Vicente Pleitez

Editores-Assistentes
Anderson Nobara
Arlete Zebber
Ligia Cosmo Cantarelli

Dante Moreira Leite

Estudos em psicologia

Série Dante Moreira Leite
Organizador
Rui Moreira Leite

© 2009 Editora UNESP

Direitos de publicação reservados à:

Fundação Editora da UNESP (FEU)
Praça da Sé, 108
01001-900 – São Paulo – SP
Tel.: (0xx11) 3242-7171
Fax: (0xx11) 3242-7172
www.editoraunesp.com.br
www.livrariaunesp.com.br
feu@editora.unesp.br

CIP-Brasil. Catalogação na fonte
Sindicato Nacional dos Editores de Livros, RJ

L551e

Leite, Dante Moreira, 1927-1976.
    Estudos em psicologia / Dante Moreira Leite; organizador [da série] Rui Moreira Leite. – São Paulo: Editora UNESP, 2009.
237p. (Série Dante Moreira Leite)

    Inclui bibliografia e índice
    ISBN 978-85-7139-984-6

    1. Psicologia. I. Título. II. Série.

09-5187   CDD: 150
                                                                                                           CDU: 159.9

30.09.09   06.10.09.015557

Editora afiliada:

Asociación de Editoriales Universitarias
de América Latina y el Caribe

Associação Brasileira de
Editoras Universitárias

Obras de Dante Moreira Leite

Plano da série

Psicologia e literatura
O caráter nacional brasileiro
O amor romântico e outros temas
Psicologia diferencial e estudos em educação
Estudos em psicologia
O desenvolvimento da criança

Destes seis volumes, submetidos a uma revisão cuidadosa, *Psicologia e literatura*, *O caráter nacional brasileiro* e *O desenvolvimento da criança* são reeditados sem maiores alterações em relação às últimas edições, que já incorporavam correções do autor.

O amor romântico e outros temas, sob tantos aspectos um trabalho paralelo a *Psicologia e literatura*, tem outros textos dispersos incluídos em apêndice, relacionados ao ensaio *O caráter nacional brasileiro*.

Psicologia diferencial já fora reeditado sem alterações; nesta edição incorpora o conjunto de escritos dedicado pelo autor à educação. *Estudos em psicologia* reúne textos esparsos e inéditos de Dante Moreira Leite com destaque para a primeira parte de sua *História da psicologia contemporânea* – Freud e as teorias dinâmicas, além do relato de dois experimentos já divulgados. Não será reeditada a antologia *Personalidade*, que não pôde ser revista pelo autor.

Esta edição das obras de Dante Moreira Leite procurou respeitar as exigências do autor e só incluiu os textos considerados concluídos, ainda quando inéditos.

"As teorias se cinzentam, meu amigo, mas a bela árvore da vida é sempre verde" Goethe

Parte I — As teorias dinâmicas
- Cap. 1 — Ambiente histórico
- Cap. 2 — Freud: biografia e trama
- Cap. 3 — Freud: o sistema
- Cap. 4 — C. G. Jung
- Cap. 5 — Adler
- Cap. 6 — O Rank / Os freudianos ortodoxos
- Cap. 7 — Os neo-freudianos: Fromm, Horney e Sullivan
- ~~Cap. 7a — Psicanálise e existencialismo~~
- Cap. 8 — Psicanálise e antropologia
- Cap. 9 — A psicanálise: ciência ou ideologia?

- Cap. 10: Hormicos e holistas: McDougall, Goldstein e Werner
- Cap. 11: A personologia: Stern, Allport

Parte II — As teorias cognitivas
- Cap. 12: A tradição do século XIX: a psicofísica e a introspecção
- Cap. 13: O comportamentalismo de Watson
- Cap. 14: O neo-comportamentalismo
- Cap. 15: O comportamentalismo soviético
- Cap. 16: A teoria da Gestalt
- Cap. 17: A teoria de campo
- Cap. 18: A orientação filosófica: fenomenologia e existencialismo
- Cap. 19: A orientação naturalista: a etologia
- Cap. 20: A psicologia do desenvolvimento
- Cap. 21: Os dilemas atuais

→ aqui entra psicanálise e existencialismo

Esquema elaborado para a *História da psicologia contemporânea*, da qual foram escritos os quatro primeiros capítulos. Anotações em folha de caderno pautado, sem data.

Sumário

Apresentação 11

Textos esparsos

1 Filosofia e psicologia 15

2 Psicologia e teoria psicológica 31

3 Dicionário de psicologia 43

   Arte e psicologia 43

   Arte e neurose 56

4 Código de ética do psicólogo 61

5 A percepção na sala de aula 73

6 Conformismo e independência 89

7 Ensino de psicologia 105

História da psicologia contemporânea

Parte 1: Freud e as teorias dinâmicas 121

1 O ambiente histórico e cultural (1848-1960) 123

2 Freud: biografia e formação 151

3 Freud: o sistema 169

4 C. G. Jung (1875-1961) 217

Índice onomástico 251

Apresentação

Este volume reúne textos esparsos e inéditos de Dante Moreira Leite dedicados à psicologia. Para reprodução dos textos e ensaios foi adotada a ordem cronológica. O volume inicia-se por dois artigos menos conhecidos, referentes a questões teóricas – "Filosofia e psicologia" e "Psicologia e teoria psicológica" – escritos em 1956, quando Dante Moreira Leite era aluno de Fritz Heider na Universidade do Kansas. Oferecem um quadro das discussões da época, que o autor não chegaria a desenvolver em sua *História da psicologia contemporânea*, redigida cerca de doze anos mais tarde. Dois verbetes – "Arte e psicologia" e "Arte e neurose" – documentam o projeto arquivado de um *Dicionário de psicologia* a ser desenvolvido a seis mãos com Maria José de Barros Fornari Aguirre e Carolina Martucelli Bori, cujo contrato data de 1961. A palestra "Código de ética do psicólogo" registra a colaboração do autor nas atividades organizadas pela Associação Brasileira de Psicólogos e pela Sociedade de Psicologia de São Paulo com vistas à regulamentação da profissão. Os artigos "A percepção na sala de aula" e "Conformismo e independência" são relatos de experimentos, o primeiro deles realizado em colaboração com Edison Galvão.

O artigo "Ensino de psicologia" apresenta as dificuldades do professor, assim como a situação da teoria psicológica à época, com as correspondentes sugestões bibliográficas. De sua insatisfação com os textos disponíveis surgiria o esquema de desenvolvimento elaborado para a *História da psicologia contemporânea*, da qual o autor só completou pouco menos da metade da Parte I: Freud e as teorias dinâmicas. Os textos aqui reproduzidos são os capítulos de 1 a 4 ("O ambiente histórico e cultural"; "Freud: biografia e formação"; "Freud: o sistema"; "C. G. Jung"), que deveriam ser seguidos pelos capítulos de 5 a 11: "Adler"; "Os freudianos ortodoxos"; "Os neofreudianos: Fromm, Horney e Sullivan"; "Psicanálise e antropologia"; "A psicanálise: ciência ou ideologia"; "Hórmicos e holistas"; "McDougall, Goldstein e Werner"; "A personologia: Stern, Allport". A Parte II: As teorias cognitivas, seria composta pelos capítulos 12 a 21: "A tradição do século XIX: psicofísica e introspecção"; "O comportamento de Watson"; "O neocomportamentismo"; "O comportamentismo soviético"; "A teoria da Gestalt"; "A teoria de campo"; "A orientação filosófica: fenomenologia e existencialismo"; "A orientação naturalista: a etologia"; "A psicologia do desenvolvimento"; "Os dilemas atuais". Destes capítulos restaram apenas anotações, mais ou menos desenvolvidas, no arquivo do autor.[1]

---

[1] Depositado no Centro de Apoio à Pesquisa da Faculdade de História da Universidade de São Paulo.

Textos esparsos

1
Filosofia e psicologia*

A questão é muito antiga e pode parecer pedante escrever sobre ela, como se tivéssemos alguma coisa nova a dizer. Talvez não seja esse o caso, mas reencontrar, depois de tanto tempo, algumas questões que nos propusemos na adolescência nos faz pensar na superação de falsos problemas e falsas respostas. Parece que descobrimos alguma coisa, daí a necessidade de transmiti-la, embora não se saiba bem a quem nem como. Isso surge com uma discussão sobre o tema: a Filosofia traz alguma contribuição à ciência, ou é apenas uma reflexão posterior a ela? Ora, os amores recentes da Psicologia com a Filosofia propõem a mesma pergunta e talvez valha a pena examinar alguns dos aspectos da questão.

Na verdade, não há, talvez, uma resposta única. Tudo depende de que Filosofia estamos falando, a que ciência nos referimos. Iremos aos poucos, e talvez se consiga esclarecer alguma coisa. Tomamos a Psicologia como ponto central, mas desconfiamos que as mesmas coisas se aplicam à Sociologia; certamente, os

---
* Êxedra. São Paulo, n.2, fev. 1956, p.23-37.

problemas seriam bem outros se nos referíssemos à Física, à Matemática, à Química, ou mesmo à Biologia.

A história das relações entre a Filosofia e a Psicologia começa no século XIX. Até então, a Psicologia – estudo do espírito – era um dos pontos nucleares da Filosofia: como pensar nesta senão como reflexão sobre a vida e a perenidade do homem, sua capacidade de julgar, de distinguir o certo do errado, de aceitar o belo e rejeitar o não belo? Ora, essas funções todas estão enquadradas como atividades do espírito e são, por isso mesmo, psicológicas em sua origem, senão também em suas consequências. As distinções formais entre a lógica, a moral, a estética e a psicologia podem iludir: mas, afinal, em todas essas atividades, estamos considerando o espírito a agir. Portanto, estamos em terreno psicológico. A filosofia de Kant, quase uma *Suma filosófica* do século XVIII, é a prova final do que dissemos.

Ora, o século XIX, apesar do Romantismo, do Existencialismo, do Historicismo e, de certo modo, do Marxismo, pretendeu ser o século científico por excelência. Nada mais consequente: quando o homem consegue transformar alguns fenômenos naturais desfavoráveis em favoráveis ou, pelo menos, neutros à vida humana, como não pensar em transferir essa mesma forma de pensamento e de ação a todas as coisas naturais, até mesmo o homem? A Filosofia, em sua forma mais completa, passou a ser incompreendida – incompreensão que se deve, talvez, à democratização do mundo. Nesse sentido, a revolta de Nietzsche, por exemplo, é facilmente compreensível. Porque, queiramos ou não, a atividade filosófica é essencialmente de elite. E as palavras de Platão – "é mais fácil fazer um cego ver que pôr a verdade na alma de um homem" – são reveladoras. A Filosofia, quando muito, consegue apenas modificar o filósofo ou o filosofante, como diria o Prof. Cruz Costa. Não é possível dar Filosofia a alguém; quando muito, é possível conquistá-la. Aqui estaria a diferença fundamental entre os dois campos: a ciência pode beneficiar o mais bronco dos homens, ao passo que a Filosofia, considerada em si mesma, só é útil a quem consegue apreendê-la. Posso, por exemplo, usufruir de todas as conquistas eletrônicas do século XX, sem ter a menor noção do que se passa nos aparelhos que manejo por alguns botões, mas jamais utilizarei uma formulação correta de moral, por exemplo, sem apreendê-la e incorporá-la à minha personalidade. Nem nos iluda, no caso, a transformação de algumas filosofias em fórmulas feitas, porque aí, precisamente, deixa de haver filosofia. Antes de uma possível má interpretação, convém esclarecer que, apesar disso, a Filosofia pode, de forma indireta, atingir a vida de todos os não filósofos. Mas aqui convém lembrar as palavras de Montaigne a propósito da natureza do homem, para ele tão semelhante à tendência dos carneiros de seguirem uns aos outros.

Mas voltemos ao século XIX: a tentativa de cientificar todas as coisas, até a literatura, não poderia poupar a Psicologia e a Sociologia. Sem dúvida, algumas dessas tentativas eram ainda muito ingênuas ou inconsequentes; muitas vezes, com a aparência de ciência (ou a desculpa de suas limitações), escondia-se uma irremovível incapacidade de pensar e compreender o homem. Muitas dessas obras – pseudopsicológicas e pseudossociológicas – são hoje artigos de museu, classificáveis entre o ridículo e o pitoresco. Mas não nos enganemos de novo: essa era a falsa ciência, fruto de gabinetes e mentalidades limitadas. Ao lado dessa falsa ciência, surgia a Psicologia de laboratório. Claro, é ainda um laboratório perfeito demais para ser eficiente: não é obra de cientistas, habituados à observação, mas de filósofos, afeitos à reflexão. Pense-se em Wundt – considerado o fundador do primeiro laboratório de Psicologia – e na diversidade de sua obra, para se ter uma ideia de que ciência se tratava. Essa ciência estava ainda muito presa à Filosofia – na verdade, falavam ainda a mesma linguagem –, e os filósofos não a pouparam de uma crítica feroz. Mas a necessidade de uma Psicologia científica era bem maior que a soma de suas limitações teóricas. Primeiramente, os processos de industrialização e urbanização propunham problemas de seleção, aperfeiçoamento e relações humanas; a expansão do ensino exigia métodos mais práticos e mais eficientes. A luta de grupos – em uma sociedade que perdera a fé na Providência Divina – era outro desafio aos homens de pensamento.

No entanto, contra a Psicologia, na Europa, não pesava apenas a crítica teórica. Mais poderosa, talvez, era a tradição acadêmica, em que, mesmo falando de Psicologia científica, estava-se pensando em Filosofia do espírito. Não admira, por isso, que a Psicologia viesse florescer nos Estados Unidos, onde a ausência de uma longa tradição filosófica e a pressão de uma sociedade em rápida transformação tornavam mais fácil sua aceitação e divulgação. E mais premente, é claro, seu desenvolvimento. A ausência de uma tradição filosófica explica que a Psicologia que aqui se desenvolveu fosse uma Psicologia sem Filosofia e, muitas vezes, *contra* esta. Mas esse aspecto, podemos dizer, era muito mais aparente que real. Se, nas três primeiras décadas do século, muitas das obras de Psicologia aqui publicadas eram ostensivamente antifilosóficas, isso é apenas mais uma prova de que ainda não se tinham libertado da Filosofia que negavam. Porque à ciência não cabe discutir se é contrária ou favorável à Filosofia; e, observadas mais de perto, tais obras eram apenas contrárias a algumas filosofias e favoráveis a outras. Tanto era assim que, em obras ostensivamente empíricas, que tentavam fugir ao que denominavam pressuposições metafísicas, encontramos afirmações que, de forma alguma, podem ser consideradas empíricas. Tome-se, como exemplo característico, a obra de Watson: negar a alma, e não colocá-la simplesmente como problema extracientífico, é assumir uma posição filosófica, não uma posição cientificamente justificável. Mas, sem dúvida, é possível dizer que, nesse caso, estamos ainda diante de uma filosofia implícita.

Na França, ao contrário do que aconteceu aqui, com exceções, é evidente, a Psicologia tomava outros rumos. Uma tendência se ligava diretamente às pesquisas fisiológicas, procurando nestas uma *explicação* para os fenômenos psíquicos. Outra caminha diretamente para uma Psicologia filosófica, ou seria talvez melhor dizer racional, em que a argumentação (algumas vezes de inclinação até literária) substituía a experimentação; a erudição livresca substituía a prova experimental ou de observação. Se quisermos uma prova irrefutável do que dissemos, basta comparar os vários capítulos de *Nouveau Traité de Psychologie*, de George Dumas: os capítulos iniciais são estritamente científicos, uma vez que se fundamentam na Fisiologia (se a Psicologia pode ser baseada, tão diretamente, na Fisiologia, é outro problema, evidentemente; a maioria dos psicólogos atuais rejeita essa possibilidade ou, como Lewin, a transfere para um prazo de dezenas ou centenas de anos); os capítulos que seriam mais propriamente psicológicos, como a personalidade, por exemplo, são quase exclusivamente filosóficos ou literários. Não se trata, aqui, de fazer uma avaliação dessa tendência. Digamos apenas que, embora em alguns casos determinados produzisse obras de real valor, na maioria das vezes se perdia em discussões metodológicas estéreis, ou apresentava soluções puramente verbais para os problemas. Esse último aspecto é que parece em particular perigoso para qualquer pesquisa científica, porque nos dá uma ilusão da verdade, capaz de satisfazer o espírito, mas incapaz de qualquer avanço no conhecimento ou na aplicação da ciência. Ainda aqui existem exceções, mas o panorama geral era esse. Muitas vezes, aceitando a Psicologia como ciência experimental, a maioria dos autores franceses foi incapaz de agir coerentemente, isto é, de tratar cientificamente os fenômenos psíquicos. Isto, sem dúvida, se explica por sua formação, em essência filosófica – mas uma Filosofia, é preciso dizer, apenas discursiva ou de erudição, na maioria das vezes ligada a problemas formais, desligada de verificações experimentais. Nem é outra a queixa de alguns psicólogos franceses, que têm visto na formação acadêmica o grande obstáculo ao desenvolvimento da Psicologia naquele país. E a queixa é antiga, pois era mais ou menos isso que reclamava Ribot, muito tempo atrás.

Na Alemanha, talvez, é que a luta entre psicólogos e filósofos assumiu seus aspectos mais significativos. Claro, alguns filósofos se bateram violentamente contra a sistematização de uma Psicologia científica. Mas os psicólogos eram também homens de formação filosófica e puderam responder com as mesmas palavras à argumentação. O mais importante, no entanto, foi o fato de que os psicólogos não só aproveitaram sua formação filosófica na elaboração científica, mas souberam abandonar a reflexão pela verificação experimental. Ao mesmo tempo que isso acontecia, os filósofos, ou alguns filósofos, abandonaram a crítica estéril e muitas vezes ingênua dos resultados da Psicologia para incorporá-los a suas teorias. Penso, sobretudo, em dois casos: Köhler, o filósofo de *O lugar do valor num mundo de fatos* e o psicólogo de *A inteligência dos macacos superiores*; em Cassirer, que, em *Um ensaio sobre o Homem*, discute alguns dos resultados recentes da Psicologia experimental. Que o intercâmbio era profícuo, pode ser verificado pela obra de Kurt Lewin, herdeiro, de um lado, da teoria do conhecimento de Cassirer, de outro, da teoria da Gestalt.

Por isso mesmo, dizíamos que, quando se discutem as relações entre Psicologia e Filosofia, devemos explicitar de que Psicologia e de que Filosofia estamos falando. Há toda uma gradação de relações, indo do negativo para o positivo, com lutas infrutíferas e disputas férteis, até consórcios felizes ou absurdos.

Mas a história dessas relações, tão complexas, recebe, atualmente, um novo capítulo, escrito nos Estados Unidos.

Claro, aqui também estão os filósofos que negam ou simplesmente ridicularizam a Psicologia, divertindo-se longamente com seus possíveis malogros. Tome-se, como exemplo, *Philosophy in a New Key*, de Susanne K. Langer, em geral apresentada como discípula de Cassirer. Não saberíamos dizer até que ponto a palavra discípulo é adequada. De fato, *Philosophy in a New Key* nos faz pensar a toda hora em *Essay on Man*, de Cassirer. Poderíamos até fazer um pouco de maldade gratuita e dizer que apenas seus exemplos são diferentes dos do mestre, o que a tornaria uma boa aluna, no sentido mais escolar do termo. Mas talvez isso fosse levar a maldade um pouco longe demais. De qualquer forma, *Philosophy in a New Key* é apenas um livro inteligente, bem escrito e muito mais cômodo (ou portátil) que os livros de Cassirer. O pensamento fundamental é ainda o mesmo: o homem como ser simbólico. Quanto ao que agora importa apresentar, Langer comenta, com indisfarçável ironia, a tentativa da Psicologia para se organizar como ciência: "os psicólogos, provavelmente, gastaram tanto tempo para afirmar suas premissas factuais, seu empirismo, suas técnicas experimentais, quanto para descrever seus experimentos e fazer suas induções". E depois: "seus (da Psicologia) resultados são mais facilmente descobertos em física ou química do que em *fatos* psicológicos". Claro, não devemos afastar a possibilidade de que grande parte dessa crítica esteja correta e resulte, precisamente, do fato de que os psicólogos não têm, em geral, confiança suficiente em si mesmos para abandonar tais problemas preliminares da ciência. Mas não é apenas isso, estejamos certos. Há outro fator que raramente se leva em consideração ao ler os trabalhos dos psicólogos (assim como os dos sociólogos). É que, ao passo que nas ciências mais maduras – a Matemática, a Física, a Química – a descoberta real de alguma formulação nova e de algum problema novo são tarefas de alto nível (isto é, de apenas alguns raros especialistas), qualquer aluno de Psicologia começa um problema novo – de fato novo, uma vez que ainda não foi analisado. No entanto, essa riqueza de possibilidades é contrabalançada pela ausência de uma teoria unificadora, capaz de englobar e dar sentido às pesquisas de pormenor. Seja como for, as críticas como as de Susanne Langer são infrutíferas, embora possam tocar em aspecto certo e, sem dúvida, melindroso. São críticas exteriores à

Psicologia, capazes de dizer: não façam isso. São incapazes de dizer o que os psicólogos devem fazer.

Mas naturalmente não é essa a tendência filosófica mais importante para o desenvolvimento da Psicologia atual. Hoje, como dissemos ao iniciar este texto, assistimos a uma nova fase nos amores entre psicólogos e filósofos. Basta dizer que o livro *Leituras na Filosofia da Ciência*, de Feigl e Brodbeck, inclui contribuições de filósofos, físicos, matemáticos e psicólogos. Não só os filósofos discutem os resultados recentes da Psicologia, como os psicólogos enfrentam, é verdade que às vezes ainda de forma tímida ou grosseira, os problemas filosóficos que a Psicologia apresenta ou sugere. Para entender essa nova posição, é preciso fazer um pouco de história. Se, como já procuramos indicar, até a década de 1930, a Psicologia americana esteve – de modo geral, pois seria absurdo esquecer a posição de John Dewey, por exemplo – distante das lutas filosóficas explícitas, o panorama se modifica por inteiro e com a vinda, para os Estados Unidos, de intelectuais alemães e austríacos expulsos pelo nazismo. Nessa leva de imigrantes, os psicólogos mais notáveis são, sem dúvida, os gestaltistas: Wertheimer, Köhler, Koffka, Kurt Lewin, entre os mais famosos. Os gestaltistas não trazem apenas sua doutrina ou seu modo de trabalhar, mas carregam consigo todo um *universo mental*, em que cabiam, perfeitamente, as longas disputas filosóficas em torno do vitalismo, do positivismo, do historicismo, da fenomenologia, entre os problemas mais importantes. Sobretudo, trazem consigo a luta contra o *elementarismo* na Psicologia, que na Alemanha florescera com Wundt e que Hall e Cattell trouxeram para os Estados Unidos. Não admira, por isso, que sua luta fosse direta contra o comportamentismo de Watson, também elementarista, embora em bases diferentes e com novas suposições metodológicas (o livro de Köhler, escrito em 1929, em especial para o público americano, fora a primeira batalha na luta que continua até hoje).

Ora, ocorreu que mais ou menos ao mesmo tempo vieram para os Estados Unidos alguns dos filósofos do chamado "grupo de Viena", que, por seus princípios, eram fundamentalmente opostos às teorias defendidas pela Gestalt. Entre eles, Carnap e Feigl, como dos mais importantes. Na realidade, a tendência aparentemente contraditória do grupo (de um lado o formalismo lógico, de outro o empiricismo científico) era um resultado claro da formulação das geometrias não euclideanas e das recentes teorias da Física. Desses dois aspectos, tiravam a conclusão de uma diferença fundamental entre as ciências *factuais* ou *naturais* e as ciências formais (Matemática e Lógica). As primeiras deveriam ser traduções da realidade física, e as ciências formais seriam apenas criações racionais do espírito humano. A *matematização* das ciências naturais seria, segundo C. H. Hemper, apenas a substituição de resultados experimentais ou factuais por fórmulas ou números (o que teria como resultado a formalização da ciência natural). Em relação ao ponto de vista que nos interessa examinar, a principal teoria desses filósofos era o chamado *fisicalismo*, isto é, o exame apenas de fenômenos que possam ser traduzidos em termos da Física. Do ponto de vista científico mais amplo, isso deveria culminar na criação de uma linguagem comum a todas as ciências naturais (em que se verifica sua tendência formalizante) e, quanto à Psicologia, implicava o abandono de todo aspecto introspectivo ou fenomenológico. A enunciação desses princípios basta para explicar a semelhança entre esse grupo e o comportamentismo. Resta acrescentar que as teorias lógicas logo seriam incorporadas à Psicologia comportamentista, dando como resultado o aparecimento de neocomportamentismo (ou seu refinamento teórico), com Tolman, Hull, Skinner e outros. Os lógicos europeus deram uma "justificação filosófica" ou, pelo menos, "armas filosóficas" para que os comportamentistas enfrentassem os gestaltistas. As oportunidades para batalhas não faltam, e algumas das melhores obras da Psicologia atual refletem, em toda sua extensão, as divergências fundamentais que separam as duas escolas.

Talvez seja necessário fazer justiça aos dois grupos e reconhecer neles algumas das figuras mais notáveis da Psicologia. Alguns autores têm procurado mostrar que a luta de escolas é talvez mais aparente que real e a Psicologia futura saberá aproveitar os resultados dessas formulações que parecem antagônicas. Talvez seja cedo ainda para saber se isso acontecerá ou não, mas é bem possível que tal se dê realmente, tão certo é que os grupos são divergentes, até porque estudam fenômenos diferentes, ou diferentes aspectos dos mesmos fenômenos. Talvez a integração futura possa englobar as pesquisas, à medida que encontre uma formulação mais geral, capaz de justificar os diferentes aspectos até agora analisados. Enquanto tal formulação não aparece, os adversários se golpeiam, com obras nas quais as diferentes fundamentações filosóficas são postas em relevo e a ironia também encontra um lugar muito visível.

A luta começa no estabelecimento do método e, em consequência, do objeto da Psicologia. Os comportamentistas, como já dissemos, negam a possibilidade da análise dos aspectos fenomenológicos. Os gestaltistas, de um modo geral, negam que se possa falar em Psicologia sem levar em conta tais aspectos. Dois autores podem, aqui, servir como exemplos de tal oposição.

Kenneth W. Spence, um dos mais notáveis psicólogos do chamado neocomportamentismo, escreveu há algum tempo uma bem fundamentada defesa dos princípios de sua escola. Quanto ao método, aceitava apenas os aspectos do comportamento que podiam ser traduzidos em linguagem da Física. Quanto ao objeto, respondia às críticas feitas ao *elementarismo* de sua teoria, dizendo que o único objeto da Psicologia são esses aspectos do comportamento, isto é, "certas uniformidades ou leis científicas..., fracionadas ou abstraídas de certos acontecimentos gerais observáveis". Em outras palavras, porque as palavras de Spence são quase sempre exotéricas, essa é uma defesa do que o próprio Spence denomina *método analítico*. Segundo ele, tal método teria obtido grande êxito em todas as ciências naturais, e não temos o direito de supor que não seja válido na Psicologia, pelo menos enquanto não se provar o contrário, por meio, é preciso acrescentar, da formulação de uma Psicologia estritamente científica (e não apenas de discussões falsamente teóricas). O alvo é, nomeadamente, a teoria da Gestalt (se a atinge, é problema que discutiremos daqui a pouco). Claro, esse método limita o objeto da Psicologia aos fenômenos que podem ser reduzidos ou fracionados em unidades, hipoteticamente consideradas mais simples. Esta não será acaso uma Psicologia empobrecida? Spence responde, com deliciosa ironia, que talvez seja, uma vez que muitos psicólogos ainda esperam da ciência uma descrição que, como ciência, esta não pode apresentar. Ou, para traduzir suas palavras: o mal de muitos psicólogos é que confundem a Psicologia com uma das artes e esperam descrições artísticas ou filosóficas do homem, não se conformando com afirmações puramente científicas.

Claro, os gestaltistas aceitam o desafio tão diretamente a eles dirigido. Consideremos apenas as respostas de Salomon E. Asch. Quanto ao método: se limitarmos a Psicologia ao estudo da ação, exclusivamente, corremos o risco de não levar em conta que o ator também reage em seu próprio comportamento e essa reação altera suas ações futuras. Não que o método fisicalista seja mais preciso, é apenas mais limitado ou mais imperfeito porque deixa de lado um aspecto sem o qual é impossível entender o comportamento que se deseja conhecer. Quanto ao problema da análise, a discussão de Asch se fundamenta no seguinte: de fato, a ciência apenas é possível quando analisamos e simplificamos as situações. O erro está em tomar como unidades coisas que são diferentes e, portanto, correlacionar fenômenos diversos, com a consequência evidente de obter resultados absurdos.

Quanto à descrição do ser humano, Asch dirá que a Psicologia contemporânea tem, com frequência, apresentado não um retrato, mas uma caricatura do homem, pois deixa de considerar, precisamente, o que é *humano* no indivíduo.

Esses problemas teóricos – que acabamos de resumir e simplificar, correndo o risco até de falsear um pouco as opiniões diferentes – podem parecer questões estritamente de processos de fazer ciência. Na realidade, traduzem suposições e consequências fundamentais para uma filosofia do homem. Ainda aqui podemos considerar a análise de Asch para indicar alguns dos problemas mais significativos.

Se aceitamos a tese do comportamentismo, aceitamos também a interpretação do comportamento humano como resultado de associações de reflexos. Traduzindo isso para a vida moral, verificamos que o homem aceita como bons ou maus os comportamentos recompensados ou punidos, em torno dos quais se fizeram as associações reflexas (por meio do condicionamento ou de condicionamentos sucessivos). (Essa suposição pode ser encontrada, em todas as suas minúcias e consequências, no livro de Skinner *Science and Human Behavior*, de 1953, em que até a ideia do homem como máquina é desenvolvida.) Ora, essa posição, como o indica Asch, é em geral aceita por antropólogos e sociólogos e tem como consequência a teoria do relativismo cultural e moral (o que é bom ou mau depende de padrões estabelecidos por diferentes sociedades, que recompensam ou punem os indivíduos de acordo com tais padrões). Contra essa tese, Asch escreve um dos mais dramáticos capítulos de seu livro (*Social Psychology*, de 1952), sustentando a ideia do relacionismo cultural, capaz de superar, de um lado, a ideia de valores morais absolutos e, de outro, a dos valores relativos. Para ele, o relativismo de formas morais é muito mais aparente que real e resulta da incapacidade de interpretação dos pesquisadores. Assim, se em determinada sociedade, verificamos o fato, para nós monstruoso, de que os filhos têm obrigação de matar os pais quando estes atingem determinada idade, isso não significa que nessa sociedade se aceite o parricídio (com o sentido que este teria para nós). Se interpretamos corretamente esse comportamento, no quadro cultural em que aparece, é prova de amor filial: decorre da crença segundo a qual viveremos eternamente na situação em que morremos. Portanto, permitir a morte na doença e na velhice seria condenar o indivíduo a uma infelicidade eterna. Mas, ainda segundo Asch, este é apenas um exemplo entre muitos, em que notaríamos sempre a mesma coisa: nenhuma sociedade humana aceita a injustiça ou a desonestidade como padrões de moral, e essa é que seria a tese do relativismo. Mas é certo, porém, que os conceitos do que é justo ou honesto podem variar, o que impede a aceitação de uma teoria de valores morais absolutos.

Tentemos esquematizar as teorias gestaltista e comportamentista em termos estritamente psicológicos e depois tentaremos ver suas implicações e consequências filosóficas. Quando se esquematiza a teoria comportamentista, chega-se ao seguinte resultado: o estímulo é integrado pelo organismo e produz uma reação (ou resposta). Ora, o estímulo e a reação são conhecidos ou são observáveis em termos puramente *físicos*. Assim, se coloco uma substância ácida na boca (estímulo), observo a salivação (reação ou resposta ao estímulo). O problema é, sempre, a integração realizada pelo organismo: qual o processo pelo qual o organismo *recebe* o estímulo e *produz* a reação? Aqui, há divergências entre os próprios comportamentistas. Skinner, por exemplo, formulou a teoria do "organismo vazio", que é talvez a forma mais pura de comportamentismo: não importa o que se passa no organismo (mesmo porque não posso conhecer tais fenômenos, se é que existem, e não são apenas imaginados por mim). O homem é então a máquina reagindo ao estímulo. De qualquer forma, a resposta não é igual ao estímulo, o que indica a existência de uma "elaboração", pelo organismo, para produzir a resposta: essa elaboração tem sido chamada *variável interveniente* (corremos o risco de dizer um absurdo com essa afirmação, porque já foram analisados muitos sentidos diferentes para a expressão "variável interveniente", mas acreditamos que damos, assim, uma ideia aproximada do que se entende pela fórmula discutida). Alguns autores consideram a variável interveniente como um recurso puramente lógico de explicação, e esta não se referiria a nada realmente existente no organismo que fosse responsável pela integração. Outros admitem que a variável interveniente seja, por assim dizer, um fenômeno intervindo entre o estímulo e a resposta. Pois bem. Se quisermos comparar gestaltistas e comportamentistas usando esse esquema, veremos uma diferença fundamental entre ambos. Para o comportamentista, as respostas são resultado do estímulo. Assim, para o caso dos princípios morais, como para o caso de todo comportamento humano, podemos obter qualquer resposta, desde que usemos os estímulos adequados. Por isso mesmo, um indivíduo pode aprender, como certas, as mais absurdas normas de moral. Para o gestaltista, ao contrário, o homem é dotado de certas qualidades humanas que dão sentido às respostas; além disso, o homem tem impulsos que independem do estímulo por meio da recompensa ou da punição. Ainda aqui, um exemplo de Asch é capaz de tornar clara a divergência. Suponhamos uma criança brincando, construindo qualquer coisa que para ela tenha valor. Essa criança pode se esquecer da fome, da sede, das repreensões dos pais. Qual seria o estímulo nesse caso? Para o comportamentista a explicação é impossível, porque o estímulo deveria ser a fome ou a sede. Se o comportamentista argumentar que o que a criança está procurando fazer é o estímulo, esta seria ainda uma explicação errada, porque receber pronto o que conseguiria com sacrifício não a satisfaz. Nesse caso, a criança é levada pelo desejo de realizar – não pelo estímulo exterior nem pela recompensa possível. Ou, antes, a recompensa é a própria ação. A mesma argumentação é empregada no caso dos valores morais: o homem deseja a justiça, a honestidade, não age apenas de acordo com a possível recompensa ou o possível castigo.

Será possível admitir um grupo como certo e outro como errado? Parece ainda cedo para responder. As duas escolas ainda não esgotaram seus recursos de argumentação e pesquisa e estão ainda muito presas a restrições metodológicas para que possam trabalhar em conjunto, com intercâmbio de seus resultados (embora, em casos específicos, isso já tenha sido feito).

De uma forma ou de outra, o que é importante na controvérsia é a aceitação desses aspectos como objetos legítimos da Psicologia. Os psicólogos, à medida que sua ciência progride, deixam de combater gratuitamente a Filosofia, para admitir que esta é a fonte eterna de perguntas. Os filósofos aceitam as legítimas pesquisas psicológicas como um dos elementos para reflexão. Os psicólogos podem contribuir, a seu modo e com seus recursos, para a clarificação de muitos problemas da Filosofia, da mesma forma que a Física, a Matemática e a Biologia o fazem. Parece que agora o amor entre Psicologia e Filosofia não é mais motivo de escândalo. É um amor de maturidade, em que as rusgas deixam de ter importância tão grande, e em que o ciúme que às vezes aparece é como a sandice, descrita pelo Quincas Borba de Machado: "dá um certo pico à vida".

Referências bibliográficas

ASCH, S. *Social Psychology*. Nova York: Prentice-Hall, 1952.
CASSIRER, E. *An Essay on Man*: an Introduction to a Philosophy of Human Culture Nova York: Doubleday Anchor, 1953.
FEIGL, H.; BRODBECK, M. (ed.) *Readings in the Philosophy of Science*. Nova York: Appleton-Century-Crofts, 1953.
KÖHLER, W. *The Place of Value in a World of Facts*. Nova York: Liveright Publishing Corporation, 1938.
_____. *The Mentality of Apes*. Londres: Routledge & Kegan Paul, 1951.

LANGER, S. K. *Philosophy in a New Key*: a Study in the Symbolism of Reason, Rite and Art. Nova York: Mentor, 1954.

SKINNER, B. F. *Science and Human Behaviour*. Nova York: The MacMillan, 1953.

2
Psicologia e teoria psicológica*

A história das teorias psicológicas apresenta, mesmo de forma superficial, alguns aspectos dignos de atenção, não apenas para os profissionais da ciência, mas também para o *amador* que pergunta por seus resultados. Ora, como as ciências costumam ser apreciadas pelos resultados que apresentam, convém começar por eles. Nossa impressão é que os psicólogos estão hoje subavaliando o que a ciência já foi capaz de fazer. O primeiro resultado positivo da psicologia se revela por um estado de espírito novo, ao enfrentar os problemas humanos. Claro, esse estado de espírito se apresenta, muitas vezes, com uma ingenuidade muito grande, sobretudo dos que esperam, das ciências, respostas imediatas e diretas para os problemas. Mas, mesmo aqui, já é um progresso muito grande considerar certos comportamentos como problemas, que esperam solução. Ora, quando nos voltamos para campos específicos é que vemos com clareza a significação dessa nova forma de ver o comportamento humano. Basta notar como a maneira de encarar o problema

---

* *Êxedra*. São Paulo, n.3, p.3-14, maio/jun. 1956.

do crime ou de tratar as crianças evoluiu nos últimos vinte ou trinta anos. Mesmo o homem sem formação teórica é capaz de reconhecer no criminoso um desajustado e na criança, um ser em transformação, necessitando, ambos, de cuidados especiais. Não importa que os pais falem, canhestramente, em "complexos" (palavra que, hoje, se transformou em sinônimo para qualquer desajustamento individual). Nem importa que algumas tendências educacionais tenham sido exageradas, admitindo-se a intangibilidade das crianças – como se a frustração, em doses adequadas, não fosse um dos elementos fundamentais para a socialização e, consequentemente, a integração do indivíduo no grupo em que vive. E basta pensar como hoje mesmo as revistas mais populares se ocupam dos problemas psicológicos da infância, para se notar a evolução a que nos referimos.

De qualquer forma, esse progresso espetacular da psicologia – influindo na criminologia, na medicina, na arte e na crítica de arte, nas relações públicas e na assistência social – não satisfaz seus criadores. E quais as razões para essa insatisfação? Acaso não é a psicologia, entre as ciências, a que mais tem contribuído para modificar nossa maneira de pensar? E não é para ela que todos se voltam, ao pensar em alguns dos maiores problemas da humanidade? Ora, é exatamente essa grandiosidade de propósitos e expectativas que parece constituir um peso para os psicólogos e uma das razões pelas quais parecem tão insatisfeitos com sua ciência (a outra razão – também poderosa – será indicada mais adiante).

Muito mais que o não especialista, o psicólogo conhece os limites e as dificuldades de sua ciência. As receitas – muitas vezes involuntárias – que os psicólogos fornecem são sempre imprecisas, e é fácil explicar por que o são. Vejamos, como um exemplo entre muitos, o caso da frustração nas crianças. A Freud, que primeiro formulou a teoria, não ocorreu talvez o que fosse uma pessoa não frustrada, isto é, capaz de realizar todos seus desejos. Mesmo porque os pacientes (sobretudo, as pacientes) com que lidou eram pessoas altamente frustradas, vivendo em uma sociedade de moral rígida, como a da Europa, no início do século XX. O que Freud provavelmente queria dizer era que uma pessoa excessivamente frustrada, em determinadas condições, sofreria certas moléstias mentais. Entretanto, se é fácil explicar o caso *a posteriori* (isto é, pela história do indivíduo estabelecer a origem da moléstia), continua difícil marcar os limites da frustração adequada ou necessária e os da prejudicial. Quando a mãe recorre às divulgações de psicologia infantil, encontra-se diante de noções vagas, dificilmente ajustáveis aos problemas que seu filho apresenta. Ou, quando encontra receitas – ou aceita as indicações como tal –, o caso é ainda mais grave, e o doente certamente morrerá da cura. Sabem os psicólogos que as crianças precisam de amor. Mas até quando este é necessário? A partir de quando se torna prejudicial? A criança precisa também de autoconfiança. Mas até que ponto? É usual que, nessas ocasiões, se fale em bom senso, esquecendo-se de que uma coisa sensata para uma pessoa parecerá inteiramente absurda para outra.

A imprecisão é, portanto, um dos pontos fundamentais na autocrítica dos psicólogos. Mas há outros. O psicólogo sabe como são perigosas as fórmulas aplicadas a seres humanos e as experiências realizadas com estes. Se um físico está errado em uma teoria ou falha em uma experiência, as consequências são unicamente acadêmicas e é raro atingirem o indivíduo em seus aspectos mais fundamentais. Com certeza pode haver um atraso científico de alguns anos, mas mesmo este é dificilmente avaliável. Em outras palavras, o erro teórico nas ciências naturais tem consequências também teóricas. Está claro que se passamos para a aplicação das ciências, a situação é completamente diferente. A vacina Salk é um exemplo do perigo da aplicação de conhecimento sem as verificações indispensáveis. Já o erro nas ciências humanas é muito mais grave, porque envolve, inevitavelmente, o homem. Dizendo de outro modo: as ciências da natureza podem realizar experiências e previsões preliminares, sem que seres humanos sejam envolvidos nessas experiências. Os astrônomos podem errar na previsão de um eclipse, e o erro nem sequer perturbar a vida de ninguém, a não ser a dos astrônomos, evidentemente. É possível fazer longas experimentações com determinadas drogas, antes de experimentá-las em um doente. Mas, na psicologia, a rigor, apenas a experiência com indivíduos humanos poderá pôr à prova a teoria, e a verificação do erro poderá ser feita tarde demais. Além disso, algumas das mais fundamentais experiências jamais serão realizadas, porque nossos princípios morais a elas se opõem.

Mas, além desses motivos – que se referem apenas aos resultados e à maneira de fazer ciência –, os psicólogos enfrentam hoje um problema difícil: a comparação com as chamadas ciências mais velhas (a matemática, a física e a química). Essa comparação se baseia em duas premissas que devemos tornar claras: primeira, a ideia de que a verdade é uma só e que o tipo de pensamento válido para uma ciência deve ser válido para as outras. Isso, em outras palavras, significa que, se determinada forma de pesquisa é útil na química ou na física, deverá sê-lo também nas ciências humanas. A segunda premissa é que, assim como as ciências naturais conseguem modificar os fenômenos que estudam, as ciências humanas poderão fazê-lo. Compreende-se assim que, olhando para os irmãos mais velhos – e acadêmica e popularmente mais respeitados –, os psicólogos tentem imitá-los, dando à psicologia os métodos e a precisão que os físicos conseguem em sua ciência. Mas essa inveja dos irmãos mais velhos se revela ou se traduz por uma luta violenta entre os mais moços, o que, aos olhos dos mais velhos, é mais uma prova de sua imaturidade.

Inicialmente, discutem o porquê de sua inferioridade. Alguns, mais otimistas, dão a seguinte explicação: nós (os psicólogos) não temos o prestígio e a precisão deles (os físicos) exatamente porque somos jovens demais. Em nossa idade (isto é, no século XVI), eles estavam exatamente no ponto em que estamos hoje, e dentro de algum tempo seremos como eles. Mas outros, menos calmos, não se conformam com prazo tão longo e querem entrar já na maioridade. Mas nesse segundo grupo também não se chega a um acordo. Para alguns, a psicologia tem teorias demais e pouca análise de fatos, ao passo que, para outros, tem enormes coleções de fatos, sem chegar a teorias. Por enquanto, deixaremos de lado a discussão a propósito da identidade de métodos entre as ciências naturais e as ciências humanas, mesmo porque este nos parece um problema, quando nada, ocioso. De fato, o método é uma necessidade que brota do fenômeno analisado e é bom uma vez que permite uma análise correta do mesmo fenômeno. Por isso, é absurda a prescrição, *a priori*, do método ideal para determinado objeto. Aqui nos ocuparemos em descrever a luta entre os partidários de teorias psicológicas e os partidários do estudo de fatos, sem a aceitação prévia de uma teoria.

Até alguns anos atrás, os adversários da teoria, pelo menos nos Estados Unidos, eram maioria. Mas é notório que vêm perdendo terreno, ao passo que os teóricos ganham prestígio, em especial acadêmico. São hoje poucos os que, como Woodrow, ainda defendem, publicamente, a ideia de que a psicologia se transformará em ciência por meio da análise exclusiva de fatos. Mas é preciso não esquecer que muitos pesquisadores continuam agindo ou pesquisando sem uma aceitação rigorosa da teoria, o que, em última instância, equivale a aceitar a posição *factualista*. Convém examinar os argumentos de uns e outros, tão certo é que as duas correntes darão o colorido à psicologia nos próximos anos.

Os "colecionadores de fatos" têm um argumento muito simples. Nós ainda não conhecemos o psiquismo humano. Para conhecê-lo precisamos fazer o maior número de observações e experimentações. Quando tivermos um conhecimento suficientemente amplo dos fatos que se passam no comportamento humano, a teoria explicativa surgirá por si mesma. Assim, se queremos saber como se dá a aprendizagem, precisamos observar indivíduos aprendendo, realizar aprendizagens experimentais em homens e animais, para depois chegar à abstração que é a aprendizagem. Aliás, acrescentam, há tantas teorias já formuladas por filósofos e psicólogos anteriores a nós, que é inútil apresentar outra teoria, tão certa ou tão errada quanto essas. Mas não param aí, porque apresentam também o argumento histórico: quando foi que a física se transformou em ciência? Quando deixou de ser uma especulação de gabinete, para estudar experimentalmente os fenômenos. Esse passo se deu, precisamente, no Renascimento.

Os defensores da teoria apresentam também uma explicação facilmente compreensível. Suponhamos que nossa intenção seja examinar o que é inteligência. É humanamente impossível conhecer todos os casos em que há inteligência para depois separá-los daqueles em que não há. Mais ainda, para iniciar o estudo desses atos, precisamos saber, de antemão, o que é inteligência, para poder separar os atos inteligentes dos não inteligentes. Sem esse conhecimento preliminar, até a desejada análise de fatos é algo impraticável, porque não posso estudar alguma coisa sem saber o que é, como distingui-la das outras. Claro, a teoria, ao ser confrontada com os fatos, pode mostrar-se inadequada. Porém, quando isso acontece, precisamos formular outra teoria, hipoteticamente capaz de dar conta dos fatos, e não apenas continuar analisando fatos e mais fatos. Sem teoria, será possível trabalhar dezenas de anos em determinado assunto, sem chegar jamais a uma conclusão e, o que é o pior, sem conseguir sequer interpretar ou explicar os fatos estudados. Mas seu argumento não para nisso. Têm ainda a dizer que, mesmo os *factualistas* puros implicitamente aceitam uma teoria, por mais simples que seja, sem o que não poderiam sequer iniciar uma investigação. Só que essas teorias implícitas são vagas e incoerentes, por isso mesmo incapazes de permitir uma análise correta dos fatos. Além disso, procuram demonstrar como a física se formou, não com os colecionadores de fatos, mas com a teoria de Galileu. E tudo quanto a esta se acrescentou foi com base em novas teorias. Acentuam o exemplo da teoria de Einstein, no início formulada como dedução matemática, à espera de que a observação de alguns fatos a demonstrasse de forma empírica.

E quem está certo? Poderíamos dizer como um autor bem-humorado: a prova verdadeira do bolo só é feita quando o comemos. Parece de fato impossível tomar uma posição indiscutível na controvérsia. Em todo caso, procuramos indicar alguns fatos que talvez a esclareçam.

Vejamos, inicialmente, o aspecto histórico no caso da física, já que é esse o modelo aceito pelos psicólogos. Aqui, tanto os *factualistas* quanto os *teóricos* têm sua parte de razão. Porque, se de um lado foi o conhecimento de fatos que permitiu a formulação de uma física estritamente científica, não é menos verdade que essa formulação se fez teoricamente (com Galileu). O mesmo Cassirer, cuja análise da história do conhecimento é lembrada pelos teóricos, pôde demonstrar a importância da efervescência de conhecimentos errados e mesmo fantásticos para a formulação da química e da física. Cassirer pôde apresentar – o que não seria novidade, não fosse sua admirável interpretação – a alquimia como um fator poderoso para o desenvolvimento da ciência no Renascimento. O argumento que, à primeira vista, parece inteiramente favorável aos teóricos não deixa de dar um pouco de razão aos factualistas, que veem na história da física a demonstração de que os fatos precisam ser analisados antes de chegarmos às teorias. Ao que os teóricos respondem que, sem a teoria de Galileu, os físicos estariam, ainda hoje, colecionando fatos desconexos, incapazes de explicar o que quer que fosse. É fácil verificar assim que, do ponto de vista histórico, os argumentos se equivalem, e é impossível decidir entre as duas tendências.

Vejamos se um exemplo da psicologia atual pode esclarecer um pouco mais a situação. Se consideramos a psicanálise – certamente a mais popular de todas as tendências psicológicas contemporâneas e, mesmo do ponto de vista acadêmico, das mais importantes –, veremos que teóricos e factualistas encontram bases diferentes em sua crítica. O que dizem os factualistas? Para eles, a fraqueza da psicanálise reside na ausência de um número suficiente de fatos, cientificamente analisados, para sustentá-la. A análise de Freud e seus seguidores é sempre vaga e é impossível utilizar uma técnica quantitativa para verificar os fenômenos descritos. E, quando os psicanalistas dizem ser necessária a análise do cientista para que este possa aceitar a teoria, pensam que entramos, então, em pleno delírio.

Por seu turno, analisando a psicanálise, os teóricos acadêmicos procuram demonstrar que não estamos diante de uma teoria científica, mas de pura especulação (porém, recentemente, observamos que alguns teóricos, como Frenkel Brunsvik, por exemplo, tentam demonstrar como a psicanálise é muito mais *precisa* do que pensam seus críticos). Mas não negam que a psicanálise tenha estudado corretamente alguns fatos. O erro de Freud e seus seguidores vem de não existir coerência nas diferentes explicações apresentadas para os fenômenos. Ora, isso é prova de que o conhecimento, ainda quando correto, de alguns fatos não é suficiente para a formulação de uma ciência.

Poderíamos multiplicar os exemplos, pelos quais seria possível verificar as longas argumentações, sem que teóricos e factualistas possam chegar a um acordo. Felizmente, encontramos também os que, aparentemente com razão, se inclinam por uma atitude moderada, afirmando que a ciência se faz em interação constante de teoria e análise de fatos.

Na realidade, o *fenômeno puro*, percebido por nós, desperta a necessidade de uma explicação (a teoria). A análise desta nos leva de novo ao fenômeno, e este nos conduz outra vez à teoria, para aceitá-la ou rejeitá-la. Aliás, não é outra coisa que acontece na vida diária, com relação a nosso conhecimento direto das coisas. O comportamento de nossos amigos nos leva, sempre, à necessidade de explicar por que agem de uma forma ou de outra. A grande diferença está em que, na vida diária, os que não são cientistas (e mesmo alguns cientistas) não utilizam os conhecimentos dentro de um quadro teórico capaz de permitir ou não uma verificação exata.

Mas, íamos dizendo, a posição intermediária procura pensar em termos de um estudo capaz de levar em conta, ao mesmo tempo, a análise dos fatos e as formulações teóricas. Evidentemente, essa é uma posição mais fácil de ser enunciada do que de ser posta em prática. Sempre é muito difícil saber até que ponto estamos de acordo com os fatos, até que ponto nossa análise teórica está correta. De uma forma ou de outra, essa posição é representada, na psicologia americana atual, pelos gestaltistas. Não somente por eles, é certo. Entre os que, partindo de um ponto de vista muito diferente e às vezes oposto ao da Gestalt, chegam a essa mesma posição, está sem dúvida Feigl. Este, que se vem ocupando em específico do problema, chega a falar em uma posição intermediária entre a teoria e a simples análise de fatos, tentando mostrar que esta era até mesmo a posição de Einstein, por exemplo.

Mas essa posição intermediária, historicamente, não se apresentou como tal. Os gestaltistas foram conhecidos, de início, pelo fato de assumirem uma posição teórica definida, quando a *moda*, na década de 1930, era simplesmente a pesquisa de fatos. Sua luta inicial foi, portanto, contra os factualistas. Claro, foi também contra os comportamentistas, mas estes, pela imprecisão de conceito, muitas vezes se confundiam com aqueles. Acrescente-se que Watson, o primeiro comportamentista, só veio a conhecer a obra de Pavlov, que mais tarde seria seu verdadeiro fundamento teórico, depois de ter feito as primeiras formulações de sua teoria. O próprio caráter elementarista da teoria permitiu sua aceitação implícita e que a pesquisa de fatos fosse realizada praticamente sem teoria alguma. É verdade que alguns comportamentistas, como Spence, por exemplo, não concordariam com essa apresentação. Para eles, mesmo Watson tinha formulações teóricas que seus adversários não levavam em conta. Seja como for, Watson foi entendido como *não teórico*, ou *empiricista*, uma vez que suas teorias eram em geral implícitas e sua maior ênfase estava na verificação experimental.

Hoje, ao contrário do que aconteceu no início, os gestaltistas se batem contra os teóricos puros, ultimamente em grande moda acadêmica. Parece necessário dizer, antes de uma possível má interpretação, que teoria pura não quer dizer, aqui, teoria sem investigação experimental. Quer dizer que não se admite fenômeno algum que, por dificuldade do método experimental, não possa ser enquadrado na teoria. Ou como diria Spence, se pretendemos realizar uma ciência, devemos nos resignar a deixar de lado os aspectos não verificáveis, cientificamente, pela experimentação. Tais aspectos caberiam na arte, na filosofia, mas, embora respeitáveis e importantes, não são analisáveis pelo cientista. É com esse aspecto da teoria pura que os gestaltistas não concordam. Para eles é inútil a longa discussão em torno de métodos, e a função do psicólogo é estudar, com os meios a seu alcance, o comportamento humano. E os gestaltistas continuam combatendo os *factualistas* puros, admitindo que é impossível a análise de fenômenos sem uma teoria compreensiva, capaz de estruturar nosso conhecimento.

A discussão não é, como poderia parecer ao não especialista, uma luta exclusivamente acadêmica, embora às vezes assuma esse caráter. E, acrescentamos, não é também uma luta inútil. Ainda recentemente, Asch, em um manual de psicologia social de êxito extraordinário, mostrava as consequências práticas das teorias que, de forma implícita, os psicólogos e sociólogos vêm aceitando; mostrava também como, com base em alguns postulados falsamente científicos, a ciência vem deixando de lado alguns problemas fundamentais para o homem.

Mas, além dessa importância prática ou de suas consequências, essas disputas na ciência sugerem outro aspecto muito curioso, e não sabemos se já notado por alguém. Alguns dos psicólogos mais notáveis de hoje estão procurando desempenhar na psicologia o mesmo papel que os grandes físicos desempenharam na história de sua ciência. Ao passo que Lewin pensava na teoria de Galileu, Hull pensa nos modelos teóricos de Newton; os factualistas, é claro, estão considerando Bacon como o modelo de ciência. E esse aspecto é significativo, porque traduz não mais uma característica peculiar aos psicólogos, mas todo um estado de espírito do mundo contemporâneo: a personagem consciente de seu papel histórico. Não sei se a releitura de *Diálogos acerca de duas novas ciências* confirmaria essa impressão, mas, ao que parece, Galileu não estava agindo de acordo com um modelo preestabelecido. Porém, hoje, o que se procura é transferir, para a psicologia, a forma de pensamento que estruturou, cientificamente, a física. Na sociologia, aliás, o panorama não será talvez muito diferente: é impossível ler no *Discurso do método sociológico* de Durkheim, sem pensar, a todo momento, nas *Regras do método* de Descartes. Na realidade, Durkheim, dentro da tradição filosófica francesa, parecia ter Descartes como modelo da ciência moderna, com o que não concordam os teóricos contemporâneos, com exceção de alguns filósofos mais recentes. Mas, de qualquer forma, esse é um problema longo demais para ser discutido aqui.

Encontramos uma imagem capaz de traduzir essa ideia de personagem consciente de seu papel, que parece caracterizar os teóricos da psicologia atual, nas peças de Anouilh. Pense-se, por exemplo, em *Joana D'Arc*. A interpretação de Anouilh, e toda sua grandeza e novidade, reside no fato de considerar Joana personagem que conhece seu papel na história da França. Se, historicamente, Joana renega seu passado e volta, depois, a praticar ou pregar a heresia, na peça de Anouilh *decide* ir para a fogueira porque é isso que se espera dela na história francesa. Em *Antígona*, aliás, Anouilh utilizara técnica semelhante. Ao passo que na tragédia grega existe o destino, mas este é exterior ao indivíduo que procura fugir à fatalidade, na peça de Anouilh, a personagem sabe ser impossível fugir ao papel marcado para ela.

Queremos dizer que, em nível muito diferente, sem dúvida, os teóricos contemporâneos sofrem o peso do conhecimento do passado da ciência e procuram transpor as revoluções teóricas para outro terreno. Impossível não admitir que esse conhecimento do passado da ciência seja um fator perturbador na criação científica. Porque um dos caracteres do criador autêntico é precisamente sua menor dose de espírito crítico. O ato da criação supõe sempre um pouco de ingenuidade, seja na ciência, seja na arte. Os não criadores é que se encarregam, depois, de burilar e aperfeiçoar a criação – no caso da ciência – ou simplesmente explicá-la – no caso da arte. Essa força criadora está faltando à psicologia atual: os psicólogos são, antes de mais nada, críticos, devorando a própria carne ou a própria seiva. E talvez a criação verdadeira ainda venha trazida por um homem ingênuo, que nem perceba o alcance de suas palavras.

3
Dicionário de psicologia*

Arte e psicologia. As primeiras observações sistemáticas a respeito de processos psicológicos na criação e na contemplação de obras de arte podem ser encontradas em Platão e Aristóteles. No diálogo *Íon*, Platão apresenta uma interpretação de composição artística como processo de "inspiração" e "possessão", aproximando os poetas dos oráculos e profetas; ao mesmo tempo, usa a imagem do magnetismo para explicar a aceitação da poesia. Na *República* condena a educação por intermédio de poetas (entre os quais cita Hesíodo e Homero) julgando que o conhecimento de histórias falsas pode influir na formação do indivíduo. Portanto, de um lado Platão é o precursor das teorias sobre a anormalidade psicológica dos poetas; de outro, acentua o papel da arte na formação do indivíduo, mediante a aprendizagem e a intensificação da emoção do espectador. As observações de Aristóteles (*Arte poética*) são muito mais minuciosas, sobretudo no caso da tragédia, e exerceram permanente influência no pensamento ocidental. Do ponto de vista aqui proposto, seu aspecto mais importante é a

---

* Reproduzem-se aqui dois verbetes inéditos (Arte e psicologia e Arte e neurose) originalmente escritos para o *Dicionário de psicologia*, que permaneceu em projeto.

teoria da *catarse*, isto é, a diminuição de intensidade da emoção através de sua expressão artística. Como se vê, enquanto Platão via a arte como processo de intensificação emocional, Aristóteles a via como forma de alívio ou abrandamento das emoções. Essas duas maneiras opostas de entender a função da arte são ainda aceitas atualmente, e revelam atitudes diferentes com relação à influência da obra de arte, sobretudo da literatura. De outro lado, a teoria platônica do trabalho criador do artista contém o germe da teoria da *inspiração*; Aristóteles apresenta o trabalho criador como *imitação*, mas lembra a ocorrência da seleção na realidade, feita pelos artistas. Depois de Platão e Aristóteles, os elementos psicológicos sempre foram mencionados nas teorias estéticas (sendo suficiente lembrar Coleridge e Nietzsche), pois seria impossível explicar o fenômeno sem alguma forma de conhecimento psicológico. Por isso este está sempre suposto, mesmo quando não explicitamente apresentado, embora possa ser apenas conhecimento intuitivo ou do senso comum. Todavia, convém restringir o emprego da palavra psicologia, utilizando-a para designar o conhecimento sistemático, acumulado nos últimos oitenta ou noventa anos, data da formação de uma ciência independente, cujo objeto é o estudo do comportamento e da vida interior (ou mental) e cujo método é a experimentação ou a observação controlada. Vista nesse sentido restrito, a contribuição da psicologia é muito menor, embora se possa pensar que seja, também, muito mais segura e menos sujeita a experiências pessoais peculiares de alguns críticos e artistas e menos dependente das modas literárias e artísticas.

Análises experimentais da emoção estética. Quando, na segunda metade do século XIX, se organiza a psicologia experimental como ciência autônoma, alguns dos primeiros experimentadores tentaram trabalhos de estética. Gustav Theodor Fechner (1801--1887), considerado um dos fundadores da psicofísica, é, às vezes, denominado o "Pai da Estética". Fechner em sua *Introdução à estética* (*Vorschule der Aesthetik*, 1876) lançou os fundamentos de uma estética experimental. De acordo com a psicologia de seu tempo, Fechner tentou analisar a emoção estética por meio de conteúdos mentais provocados pelo objeto estético, e formulou o princípio da associação, isto é, explicava o prazer estético pelas associações ligadas ao objeto percebido. Carl Stumpf (1843--1936) estudou experimentalmente a música. Todavia, o mais conhecido dos psicólogos dedicados ao estudo experimental da estética é Theodor Lipps (1851-1914), o primeiro a sistematizar a explicação da emoção estética pela empatia (*Einfünlung*). Lipps aplicou essa teoria sobretudo à percepção visual, para a pintura e a escultura. Além dos trabalhos de Lipps, devem ser mencionados também os de O. Külpe (1862-1915), que usou técnicas de questionário para verificar a diferença entre várias reações estéticas (ver Meumann, 1947). Esses primeiros ensaios de estética experimental foram, senão interrompidos completamente, pelo menos desestimulados pelas novas tendências da psicologia experimental. Uma vez que o comportamentismo nega a legitimidade do estudo da consciência psicológica, torna problemático o estudo de processos estéticos, pois estes dificilmente chegam a exteriorizar-se em reações motoras.

Testes de aptidão artística. Uma tendência contemporânea dos estudos psicológicos da arte procura identificar os indivíduos com aptidão específica para a apreciação artística, por meio de testes qualitativos. O primeiro destes testes é, talvez, o *Teste McAdory de Arte*, publicado em 1929, e hoje abandonado, pois apresentava muitos itens marcados pela moda da época. Atualmente, o mais usado é o *Teste de Julgamento Artístico de Meier* (1942), que apresenta obras de arte de valor consagrado. Cada item apresenta uma reprodução original e uma variação na qual se alterou a simetria, o equilíbrio, a unidade ou o ritmo da versão original. A pessoa, ao responder ao teste, deve escolher qual das versões tem maior valor estético. O *Teste Graves para julgamento de desenho* (1948) consiste de noventa itens, oito dos quais com três desenhos, e os outros com dois. Nesse teste, a pessoa deve escolher um dos desenhos, pois o outro se afasta dos princípios estéticos (unidade, variedade, equilíbrio etc.). Outros testes procuram medir a capacidade de criação artística e entre esses deve ser mencionado o *Inventário de Aptidão artística de Horn* (1951), no qual a pessoa deve executar vários desenhos depois julgados segundo critérios uniformes de ordem, clareza de apresentação e pensamento, uso de sombra, e assim por diante. Os especialistas consideram que tais testes ainda estão longe de fornecer indicações seguras sobre a aptidão artística, embora alguns confirmem suas predições. Além disso, parecem muito marcados por influências culturais contemporâneas. Na música, o teste mais conhecido é o de *Medidas de Talento musical de Seashore* (1939) no qual a pessoa deve mostrar capacidade de distinguir timbre, altura, ritmo, tempo e deve demonstrar memória de tons. Para a apreciação literária, os mais conhecidos são o *Teste do julgamento de poesia de Rigg* (1942) e o *Teste de apreciação da prosa de Carroll* (1932). Essas provas, ambas em inglês, empregam, como o teste de Meier, a técnica de comparação entre um texto artístico e uma deformação intencional do mesmo texto. A pessoa deve escolher a melhor forma, e mediante essa escolha se pode julgar sua capacidade de apreciação literária.

Tipos psicológicos em relação à arte. Embora C. G. Jung, ao descrever os tipos psicológicos, tenha feito referências aos problemas estéticos, coube a Herbert Read tentar o estabelecimento de uma relação geral e sistemática entre tipos e expressão artística. Depois de uma análise das tipologias de Kretschmer, Sheldon, Jaensch, Jung, Boullough e Binet, H. Read tenta classificar a expressão artística de acordo com os tipos e subtipos de Jung, e chega à conclusão que, embora os tipos puros sejam hipotéticos, existem tipos diferentes, tanto de personalidade quanto de arte.

Análise do processo criador. A criação da obra de arte, sobretudo da obra literária, é, talvez, o domínio artístico mais estudado pela psicologia. Alguns desses estudos são de pequena significação para a literatura pois são apenas biografias de artistas, em geral voltadas para aspectos patológicos. Outros tentam estabelecer uma relação específica entre certos acontecimentos biográficos ou características da personalidade e, em certos casos, permitem uma ampliação do conhecimento do autor ou da compreensão de sua obra. Exemplo dessa forma de estudo é o artigo de Freud sobre Dostoiévski que, de certo modo, estabeleceu um padrão para trabalhos psicanalíticos sobre artistas. A limitação desse tipo de estudo resulta do fato de os conflitos básicos da personalidade (complexo de Édipo, sentimento de inferioridade, sentimento de culpa etc.) serem relativamente pouco numerosos, enquanto as expressões artísticas se caracterizam pela multiplicidade e pela variedade. Disso resultam explicações *ad hoc*, nas quais o crítico conhece o resultado (obra terminada) e suas motivações psicológicas e estabelece uma relação entre os dois elementos mediante um mecanismo verossímil, que será substituído por outro quando o resultado da motivação for diverso, ou quando obras semelhantes devam ser explicadas por motivações diferentes. Todavia a maior dificuldade para aceitação dessas análises resulta de sua impossibilidade de explicar a transformação de conflitos elementares em obras extremamente complexas, quando a maioria das pessoas os apresenta de outra maneira na vida diária. Assim, esses estudos não conseguem apresentar uma teoria capaz de explicar o processo que ocorre entre a motivação e a obra realizada, ou durante a criação da obra artística. Os melhores documentos sobre esse processo devem, ainda hoje, ser procurados nos depoimentos dos artistas, dadas as dificuldades de estudo experimental ou de observação direta por psicólogos. Apesar disso existem alguns ensaios sobre o processo de produção literária, o mais importante dos quais se deve a Rudolf Arnheim, que analisou várias versões do mesmo poema, procurando ver os princípios a que obedecem as modificações introduzidas pelo poeta. A dificuldade dessa forma de análise reside no fato de muitos poemas serem feitos numa única versão.

Análise da obra realizada. Em vez de considerar o processo de realização, é possível considerar a obra terminada, e tentar explicá-la por processos psicológicos. Essa forma de estudo foi empregada tanto para a pintura e cinema quanto para a literatura. Para a pintura e o cinema Arnheim tentou explicações pela percepção; sua análise não se limita aos aspectos formais, mas procura também descobrir os processos dinâmicos tanto na obra artística quanto em sua contemplação. Outra forma de estudo consiste em descobrir o sentido latente da representação na pintura ou na escultura. Basicamente o mesmo processo foi aplicado à literatura, sobretudo pela psicanálise. O exemplo clássico dessa forma de análise é apresentado pelo estudo de *Hamlet* feito por Ernest Jones, no qual este procura verificar o sentido latente da peça, concluindo que a tragédia de Hamlet tem o mesmo conteúdo de *Édipo rei*, de Sófocles. Ambas revelariam o amor pela mãe e o ódio ao pai. Análises semelhantes foram realizadas a respeito do cinema, por Martha Wolfenstein e Nathan Leites. Também nesse caso procura-se verificar quais os conteúdos inconscientes, ocultos no conteúdo aparente da obra de arte.

Análise da relação entre espectador e obra de arte. Pelo menos implicitamente as análises da obra de arte supõem uma reação do espectador. No caso da psicanálise, essa comunicação é explicada pela identidade ou semelhança entre os símbolos empregados pelo artista e os aceitos pelo espectador. Essa análise foi claramente apresentada por Freud ao discutir a aceitação de *Édipo rei*, de Sófocles, pelo espectador contemporâneo. Segundo Freud, "se nos comovemos com a tragédia de Édipo, isto se explica pelo fato de sentirmos que o nosso destino poderia ser igual ao seu..." (*A interpretação dos sonhos*, 1900). Na realidade, os psicanalistas supõem uma comunicação inconsciente entre a fantasia do artista e a do espectador. A forma artística seria o processo capaz de tornar aceitáveis as fantasias do artista. Além disso, é possível analisar os efeitos da obra de arte, sobretudo de ficção, na vida interior do espectador, assim como analisar as necessidades satisfeitas por esse processo. Como é fácil concluir, essa forma de estudo elimina ou ignora os elementos propriamente estéticos da obra de arte, e separa forma e conteúdo, como se fossem elementos independentes. As análises gestaltistas, ao contrário, tendem a acentuar a impossibilidade de separar os dois aspectos, e procuram indicar a adequação de forma ao conteúdo. Dessa maneira, essas análises podem enfrentar o problema propriamente estético da obra de arte, entendendo-o mediante processos de percepção.

Interpretações psicológicas da obra de arte. A psicologia contemporânea tende a preferir os estudos de pormenor, e a abandonar as tentativas de interpretação global dos fenômenos. No caso da psicologia da arte, essa tendência também se revela claramente, o que explica a ausência de teorias psicológicas capazes de englobar os diferentes aspectos da obra de arte; a única exceção seria a interpretação psicanalítica. Além disso, no quadro geral da psicologia contemporânea, o estudo da arte ocupa um lugar secundário, apesar da exceção, também aqui, da psicanálise. Isso se explica por várias razões. Em primeiro lugar, depois do período dos grandes sistemas (psicanálise, comportamentismo, Gestalt, topológica), as teorias psicológicas procuraram restringir a amplitude dos fenômenos estudados; dessa maneira, surgiram teorias específicas, referentes à percepção, à aprendizagem, à motivação, à personalidade, que não pretendem ser uma interpretação global do comportamento humano. Na ausência dessa teoria geral, seria impossível imaginar um critério válido para interpretar a posição da arte no comportamento. De outro, as exigências da experimentação ou da observação controlada impediram a análise dos fenômenos estéticos, pois não foram ainda encontrados processos para o estudo objetivo da arte. Por isso, com a já mencionada exceção da psicanálise, os estudos psicológicos da arte se referem a aspectos parciais da criação ou da contemplação da obra artística. Alguns dos quais, como os estudos de aptidões artísticas, foram mencionados nos parágrafos anteriores. Portanto como interpretação psicológica da arte, é suficiente indicar a psicanálise e fazer menção à *Gestalt* embora esta última não tenha ainda desenvolvido uma teoria explícita da arte. A teoria psicanalítica da arte não é ainda um sistema coerente. Freud em várias oportunidades oscilou entre diferentes interpretações e, aparentemente, tendia a reduzir o alcance da psicanálise para a interpretação da obra artística. Todavia, seu esquema é relativamente simples. Para Freud o belo é originalmente sexual: "não tenho dúvida de que o conceito de beleza está enraizado no solo da estimulação sexual, e significava originalmente, o que é sexualmente excitante" (*Contribuições à teoria do sexo*). Pelo processo de sublimação "o interesse pelos órgãos genitais se transfere para a forma do corpo", e dessa maneira, se torna artístico (ibidem). Nesse mesmo texto, Freud observa, sem tentar uma explicação para o fato, que, embora a percepção dos órgãos genitais provoque o máximo de excitação sexual esses órgãos não são considerados "belos". Em *Totem e tabu* Freud indica para a obra de arte funções mágicas:

> em nossa civilização apenas a arte manteve a onipotência do pensamento. Apenas na arte o homem, devorado por seus desejos, cria algo semelhante à satisfação de tais desejos, e esse jogo, graças à ilusão artística, provoca efeitos idênticos aos da realidade. Corretamente, falamos de magia da arte, e comparamos o artista ao mágico. Mas essa comparação é talvez mais importante do que pretende ser. A arte que não se iniciou como arte pela arte satisfazia a tendências que, em sua maioria, deixaram de existir. Entre estas podemos imaginar várias intenções mágicas.

Esses dois temas – o da arte como "disfarce" para tendências mais elementares ou instintivas e o da arte como satisfação de desejos "bloqueados" – aparecem sob várias formas na interpretação psicanalítica. Em muitos casos, essa interpretação ampliou nosso conhecimento da obra de arte, embora Freud reconhecesse, explicitamente, a impossibilidade de uma explicação psicanalítica para a forma artística. Ora, o que caracteriza a obra de arte é a forma peculiar de apresentar os conflitos humanos, pois esses aparecem, com frequência, sob formas não artísticas. Dessa maneira, retirar a consideração formal da crítica ou da explicação da arte é deixar de lado seu elemento distintivo. Além disso, como observa Hauser (*The Philosophy of Art History*) Freud partia, para fazer a distinção entre forma e conteúdo, de uma concepção romântica da arte. No entanto, Freud não foi sempre consistente na recusa em analisar os aspectos formais da obra de arte; quando o fez utilizou a concepção da forma como recurso capaz de permitir a expressão e aceitação de conflitos inconscientes. Além disso, também nesse caso Freud aceitou a ideia de uma evolução unilinear da civilização, na qual os impulsos seriam cada vez mais reprimidos e, por isso, deveriam encontrar formas cada vez mais refinadas de expressão. Dessa maneira explica a diferença entre o *Édipo rei*, de Sófocles, e o *Hamlet*, de Shakespeare – embora as duas tragédias exprimam o mesmo conflito – como resultado de uma repressão maior pela sociedade. Na peça, Édipo chega a realizar o desejo infantil de matar seu pai e casar-se com sua mãe; Hamlet não chega a trazer esse conflito ao nível da consciência e, por isso, podemos não perceber, diretamente, a origem de sua indecisão. A interpretação gestaltista da arte, como foi dito acima, não chegou ainda a ser inteiramente formulada. Todavia as aplicações feitas por Rudolf Arnheim indicam suas possibilidades de explicação. Em vez de voltar-se para os processos inconscientes, a teoria gestaltista tenta uma análise dos processos conscientes de expressão e de percepção da obra de arte; em lugar de buscar motivações puramente individuais, tenta descobrir os processos gerais, capazes de explicar a aceitação da obra de arte, assim como a escolha de determinados meios de expressão. No entanto, a maior diferença entre as duas formas de estudo talvez esteja nas suas diferentes perspectivas. Enquanto a psicanálise tende a estudar as reações individuais – seja na criação, seja na contemplação da obra de arte – a teoria da Gestalt tende a realizar uma análise das características objetivas e intrínsecas da obra de arte. De outro lado, como a teoria gestaltista não supõe uma oposição, ou sequer uma separação, entre as leis do comportamento e as do mundo externo, elimina a ideia da arte como forma de fuga à realidade, e tende a mostrá-la como processo de realização e descoberta. Na teoria gestaltista, o aspecto irracional e instintivo, tão nítido na interpretação psicanalítica, é superado pela acentuação da inteligibilidade, do equilíbrio, da harmonia e da adequação da forma ao conteúdo.

Influência da psicologia na arte. Tradicionalmente a filosofia da arte foi sempre uma reflexão sobre a arte já realizada; até certo ponto, representava uma cristalização de conceitos implícitos em tais obras. Talvez a psicanálise seja o primeiro exemplo de uma teoria capaz não apenas de interpretar a arte anterior, mas também de influir em autores posteriores à sua formulação. Convém não esquecer, por outro lado, o fato de a psicanálise ter aceito, em sua interpretação, tendências e teorias em grande parte já apresentadas na literatura de sua época. Em várias oportunidades Freud reconheceu a origem "literária" de sua descoberta do inconsciente. Sob esse aspecto, portanto, Freud sistematizou tendências já existentes e assim se explicaria a semelhança entre várias obras literárias contemporâneas e a teoria psicanalítica. No entanto, a ação de Freud foi muito mais ampla, e podemos supor sua influência indireta em autores que o combateram ou negaram qualquer conhecimento psicanalítico. A importância atribuída à primeira infância, o reconhecimento do inconsciente como força motivadora, a aceitação da ambivalência como característica de nossa vida emocional, o papel da sexualidade são algumas das suposições psicanalíticas mais significativas para a literatura. A influência das outras tendências teóricas da psicologia contemporânea foi bem menos considerável. A influência de Jung foi significativa, mas é preciso não esquecer que algumas de suas suposições continuam as ideias de Freud. O comportamentismo – tanto na versão russa, de Pavlov, quanto na norte-americana, de Watson – não chegou a ser notado na literatura, a não ser de maneira negativa (ver como exemplos *Admirável mundo novo* e *Regresso ao admirável mundo novo* de Aldous Huxley). A teoria da Gestalt parece não ter sido inteiramente assimilada pela literatura, ou pela crítica literária, e sua influência é secundária. A aceitação superficial de suas teses parece ter sido um dos elementos constituintes de uma crítica formalista, quando, na realidade, essa tendência está ausente no pensamento de seus criadores. No Brasil, a teoria gestaltista foi apresentada como um dos fundamentos teóricos do movimento concretista.

V. Arte e neurose, psicanálise, Freud, Jung, Adler, Rank, Fromm, Gestalt, Complexo, Inconsciente, Comportamentismo, Catarse, Consciência, Inconsciente, Processo criador.

Referências bibliográficas

Geral
HAUSER, A. *The Philosophy of Art History*. Londres: Kegan Paul, 1959.
DAICHES, D. *Critical Approaches to Literature*. Londres: Longmans, 1956.
WELLEK, R.; WARREN, A. *Theory of Literature*. Nova York: Harcourt, Brace, 1949.

Psicologia experimental
BORING, E. *A History of Experimental Psychology*. Nova York: Appleton-Century-Crofts, 1950.

MEUMANN, E. *Sistema de Estética*. Trad. Esp. Fernando Vela, Buenos Aires: Espasa-Calpe, 1947.

Testes de aptidão artística
ANASTASI, A. *Psychological Testing*. Nova York: Macmillan, 1961, cap. 15.

Tipos psicológicos e arte
READ, H. *Education Through Art*. Londres: Faber, 1958.

Processo criador na arte
GHISELIN, B. (Ed.) *The Creative Process*. Nova York: Mentor, 1955.
ARNHEIM, R. et al. *Poets at Work*. Nova York: Harcourt Brace, 1948.

Interpretações psicanalíticas
As observações de Freud a respeito da arte estão dispersas em suas obras. As apresentações mais ou menos sistemáticas são: *Uma recordação infantil de Leonardo da Vinci* (1910); *Múltiplos interesses da psicanálise* (1912) parte F; *O poeta e a fantasia* (1908); *O Moisés de Michelangelo* (1914); *Uma recordação infantil de Goethe em* Poesia e Verdade (1917); *Dostoiévski e o parricídio* (1928); *O delírio: os sonhos na Gradiva de W. Jensen* (1907); *O cômico e sua relação com o inconsciente* (1905). *Interpretação dos sonhos* (1900), que Freud considerava sua obra-prima, contém a primeira interpretação psicanalítica da obra de arte; *Totem e tabu* (1913) apresenta a interpretação psicanalítica da vida social e, de passagem, uma tentativa de explicação da tragédia. A apresentação sistemática de C. G. Jung foi feita em *O homem moderno em busca de uma alma* (trad. ing. de S. Dell e C.F. Baynes *Modern Man in Search of a Soul*, 1933).
Os estudos da arte mais significativos devidos à psicanálise são:

KRIS, E. *Psychoanalytic Explorations in Art*. Nova York: Internacional University Press, 1953.
BAUDOIN, C. *Psicoanálisis del arte*. Trad. esp. de M. Fingerit. Buenos Aires: Psique, 1955.
BERGLER, J. *Psicoanálisis del escritor*. Trad. esp. J. M. Alinari. Buenos Aires: Psique, 1954.
PHILLIPS, W. (Ed.) *Art and Psychoanalysis*. Nova York: Criterion, 1957.
LESSER, S. *Fiction and the Unconcious*. Boston: Beacon, 1957.

Análise gestaltista
ARNHEIM, R. *Art and Visual perception*. Berkeley: University of California Press, 1954.
_____. *Film as Art*. Berkeley: University of California Press, 1957.
_____. Psychological notes on the poetical process. In: ARNHEIM, R. (Ed.) *Poets at Work*. New York: Harcourt Brace, 1948.

Análise psicológica do cinema
WOLFENSTEIN, W.; LEITES, N. *Movies, a psychological study*. Glancoe: Free Press, 1950.
KRACAUER, S. *From Caligari to Hitler: a psychological history of the German film*. Princeton: Princeton University Press, 1947.

Arte e neurose. Embora a suposição de anormalidade psicológica da arte não seja criação de nossa época, também não é universal. Antes do romantismo, as referências à anormalidade psicológica do artista – encontradas, por exemplo, em Platão – são esporádicas e não constituem uma explicação da arte. Na realidade, o gosto anterior ao romantismo tendia a valorizar e exprimir as situações objetivas, e a considerar o artista intermediário entre a beleza objetiva e o espectador. Diga-se, de passagem, que também o cientista e o filósofo eram assim considerados, e isso explica o pequeno ou nenhum valor dado à originalidade e à diversidade. Além disso, não havia a noção da continuidade entre o normal e o anormal; não existiam sequer os conceitos atuais de neurose e neurótico, provavelmente porque as manifestações neuróticas, antes do século XX, tendiam a ser histéricas, com apresentação de sintomas físicos, e eram, provavelmente, muito menos numerosas do que atualmente. A diferença mais importante, entre as concepções atuais e as anteriores ao romantismo, talvez esteja na explicação para o trabalho criador; antes do romantismo, e mesmo durante esse movimento, a explicação procurava causas externas, às vezes espirituais, enquanto atualmente se tende a uma explicação de natureza psicológica. Acrescente-se a isso o fato de a neurose, sobretudo a de angústia, ser hoje muito mais frequente – ou pelo menos, muito mais frequentemente identificada – e será possível compreender a voga da "explicação" do processo criador mediante a neurose. Essa tendência tem a seu favor o fato de muitos dos mais conhecidos artistas contemporâneos serem desajustados, talvez neuróticos, sendo suficiente lembrar, entre outros, o caso de Franz Kafka. Apesar disso, a maioria dos psicólogos atuais nega que o artista seja necessariamente neurótico e, mais ainda, que o neurótico, enquanto tal, possa realizar obra artisticamente válida. Essas contradições só podem ser esclarecidas – embora talvez não resolvidas – por uma discussão um pouco mais minuciosa das características do neurótico, assim como da normalidade psicológica, pois grande parte das afirmações sobre a neurose dos artistas decorre do emprego demasiadamente amplo do conceito de neurose. Em primeiro lugar, o neurótico, ao contrário do psicótico, consegue manter uma relação mais ou menos satisfatória e realista com seu ambiente. O que o distingue da pessoa normal é apresentar reações inadequadas a algumas situações do ambiente; em alguns casos, as manifestações mais claras da neurose aparecem em sintomas físicos, como paralisia e cegueira. As reações neuróticas decorrem de conflitos inconscientes, não refletidos diretamente no sintoma, pois este, segundo se pensa, é um processo de defesa contra o reconhecimento consciente do conflito neurótico. Basta apresentar essa descrição sumária para perceber que as características propriamente neuróticas não facilitam, necessariamente, a expressão artística e podem, ao contrário, prejudicá-la. No entanto o neurótico, por deformar a realidade, pode tornar-se especialmente sensível a alguns de seus aspectos, e talvez seja essa a razão pela qual se tenta explicar a capacidade pela neurose. Dito de outro modo, a deformação neurótica permitiria a percepção de faces importantes, mas em geral ignoradas, do universo comum a todos os homens. Isso permitiria explicar o aparecimento de numerosos artistas aparentemente neuróticos. No entanto, o artista, para obter esse êxito, precisa obter domínio dos meios de expressão (palavra, forma etc.) sem o que será incapaz de produzir obra artisticamente válida; além disso, deve ser capaz de criar a variedade, ao passo que o neurótico tende a expressões estereotipadas, sempre as mesmas. Essas circunstâncias indicam as dificuldades existentes para a criação artística do neurótico, e levaram alguns psicanalistas (entre eles Bychowski) a negar que o neurótico, como tal, possa realizar obra significativa. Assim, o neurótico pode ser criador, mas seu trabalho aceitável é produzido em momentos ou períodos em que a neurose não se manifesta. A respeito, convém salientar dois outros aspectos, com frequência esquecidos na discussão da neurose do artista. Em primeiro lugar, nem todo neurótico é artista; em segundo, em todas as profissões existem neuróticos que conseguem manter um ritmo aceitável, quando não extraordinário, de trabalho. Por aí se vê que a neurose não é causa da capacidade criadora, e, em contrapartida, que também não é, necessariamente, um obstáculo à realização objetivamente válida. Esse problema, portanto, se reduz a saber por que tantos artistas contemporâneos manifestam tendências neuróticas. Embora não haja uma resposta satisfatória para a questão, é possível sugerir duas hipóteses, não necessariamente exclusivas. Uma, seria pensar que o tipo de material aceito pela literatura contemporânea conduz, quase de maneira inevitável, a uma progressiva dissolução da unidade do eu e, por isso, o artista acaba por perder a possibilidade de manter o equilíbrio da personalidade. Outra seria pensar que a separação entre o artista e os padrões comuns conduz o indivíduo criador a acentuar suas excentricidades, como forma de ser aceito pelo grupo intelectual. Essa hipótese poderia ser confirmada pelo fato de muitos indivíduos, incapazes de criar, mas participantes do grupo intelectual, apresentarem os mesmos sintomas de neuroses. Outro aspecto sempre salientado refere-se à distinção entre neurose do artista e neurose da obra realizada. Em alguns casos, o artista aparentemente neurótico cria uma obra na qual os sintomas neuróticos também são evidentes; Kafka e Dostoiévski seriam exemplos dessa situação. Em outros casos, todavia, o artista neurótico pode criar uma obra aparentemente equilibrada, e o artista não neurótico pode criar uma obra com aspectos neuróticos. Na literatura brasileira, José de Alencar estaria no primeiro caso, enquanto Machado de Assis estaria no segundo. Algumas fases da vida de Alencar deixam bem clara sua neurose: de passagem, não seria demais lembrar que Alencar sofreu várias crises, durante as quais se tornava improdutivo. Todavia, sua obra não parece revelar esses estados neuróticos. Machado de Assis, ao contrário, tem sido julgado como neurótico, apenas porque suas obras parecem indicar desequilíbrios mais ou menos evidentes no comportamento das personagens. Como se observa, tanto na apreciação de Alencar quanto na de Machado de Assis se faz uma inferência da personalidade do autor, partindo de indícios revelados na obra. Parece desnecessário acentuar que esse processo é errado, pois não existe relação uniforme, isto é, sempre válida, entre a personalidade do autor e as características de sua criação.

Ver Arte e psicologia, Neurose, Ab-reação, Catarse, Psicanálise, Freud, Jung.

Referências bibliográficas

BAUDOIN, C. *Psicoanálisis del arte*. Trad. esp. de M. Fingerit. Buenos Aires: Psique, 1955.
BERGLER, E. *Psicoanálisis del escritor*. Trad. esp. de J. W. Alinari. Buenos Aires: Psique, 1954.
BYCHOWSKI, G. From Catharsis to Work of Art. In: WILBUR, G. B.; MUENSTERBERGER, W. (Eds.). *Psychoanalysis and Culture*. Nova York: International University Press, 1951.
HAUSER, A. *The Philosophy of Art History*. Londres: Kegan Paul, 1959.
HOFFMAN, F. *Freudianism and the Literary*. Nova York: Grove, 1959 (ed. orig., 1945).
PHILLIPS, W. *Art and Psychoanalysis*. Nova York: Criterion, 1957.
TRILLING, L. *The Liberal Imagination*. Londres: Mercury Books, 1961 (ed. orig., 1951).

4
Código de ética do psicólogo[*]

Como não sou psicólogo clínico, nem enfrento os problemas ligados à seleção profissional, entendo que minha participação neste simpósio exige uma tentativa de discussão teórica da profissão de psicólogo, assim como de suas perplexidades diante de alguns problemas. Os outros participantes, com outra formação e outra experiência profissional, poderão enfrentar alguns dos problemas aqui abandonados, não porque sejam pouco significativos, mas porque deles não tenho conhecimento satisfatório.

Pode-se pensar que, se os psicólogos enfrentam problemas éticos – de que este simpósio é apenas um sintoma –, isso se deve à relativa juventude de nossa ciência. Se isso fosse verdade poderíamos supor que nossos problemas éticos decorrem da falta de limites bem nítidos entre nossa profissão e outras mais antigas. Ainda que essa ideia contenha um fundo de verdade, será suficiente pensar em profissões ainda mais jovens para verificar que suas dores de crescimento parecem menores, ou não se manifestam com autoconsciência tão aguda: geólogos, anestesistas,

---

[*] *Boletim de Psicologia*. São Paulo, n.47-50, p.67-74, jan. 1964/dez. 1965.

astronautas e outros especialistas parecem encontrar, facilmente, seu "nicho" na vida social e científica. Aparentemente, essas profissões lidam em terreno ainda não explorado, e acrescentam alguma coisa ao conhecimento e à técnica. O psicólogo, ao contrário, deve lidar com o comportamento e a experiência do homem – isto é, com aspecto que sempre foi conhecido – e necessariamente invade os domínios do médico, do educador, do pai, do confessor, do advogado, do juiz, quando não é um pouco mais ousado e não interfere também no futebol, no teatro, no cinema. Para entender os inevitáveis conflitos que surgem dessa interferência, será necessário explicitar os pressupostos da Psicologia contemporânea, e ver até que ponto contradizem noções tradicionais, implícitas ou explícitas.

Determinismo e livre-arbítrio

Dessas noções, a mais significativa está ligada ao princípio da liberdade humana. Evidentemente, seria tola pretensão imaginar que, em poucas linhas, seja possível sequer delimitar os aspectos mais importantes de uma questão que sempre foi proposta pelo homem – desde as lendas primitivas, as tragédias gregas, o cristianismo e quase todos os sistemas filosóficos. Apesar disso, é indispensável indicar os pressupostos da Psicologia contemporânea, pois constituem elementos indispensáveis de nossa ciência.

Parece indiscutível que Psicologia científica depende da suposição de determinismo, isto é, de relações causais entre certos acontecimentos e certas manifestações do comportamento. Às vezes, se diz que essa suposição contraria nossa experiência imediata, pois em nossa vida interior sentimos a possibilidade de escolher livremente as alternativas de ação. Se isso é verdade, não se deve esquecer outro dado da experiência direta: quando procuramos suas possibilidades de escolher alternativas, mas acreditamos igualmente na possibilidade de limitar essa escolha. Para fazê-lo, damos determinadas informações, apresentamos as consequências de um comportamento ou outro, e assim por diante. Em outros casos, quando educamos, supomos também a possibilidade de provocar determinados comportamentos, seja por prêmios e castigos, seja por esclarecimentos. Talvez essa diferença tenha levado alguns psicólogos a supor a consciência como um epifenômeno, isto é, como interferência apenas aparente no encadeamento do comportamento. Isso não ocorre quando, na autoanálise, examinamos as alternativas abertas à nossa frente, e pensamos em nossa liberdade de escolher entre elas.

O primeiro aspecto importante parece residir, portanto, na perspectiva proposta: na descrição do comportamento – seja na ciência, seja na psicologia ingênua – supomos a possibilidade de controlar a ação e, portanto, implícita ou explicitamente admitimos o determinismo do comportamento; na descrição da vida interior, temos a impressão de alternativas abertas à escolha e, portanto, tendemos a negar o determinismo. Se utilizarmos apenas esses dados, provavelmente não temos possibilidade de chegar a uma solução para o problema e, por isso, precisamos encontrar outros pontos de referência, capazes de superar o conflito. Para isso, podemos pensar na maneira de interferir no comportamento ou na decisão de outra pessoa. Neste caso – seja pelo esclarecimento, seja por prêmios e castigos –, indicamos ou ensinamos as consequências de determinado ato. Como se vê, não eliminamos a possibilidade de escolher; ao contrário, contamos com essa possibilidade, mas procuramos alterar – de boa ou má-fé, não importa discutir – o valor das alternativas, supondo que as mais atraentes sejam escolhidas. Neste nível de análise, não importa discutir os processos psicológicos que, supostamente, explicam essa escolha, isto é, não importa saber se escolhemos por um processo cego de relação castigo-recompensa, ou por um processo cognitivo. Em qualquer dos casos, existe possibilidade de interferir no comportamento e, portanto, aceita-se a possibilidade do determinismo na Psicologia.

Essa rápida análise mostra outro aspecto significativo: quanto maior a informação, maior a possibilidade de perceber e escolher alternativas; em contrapartida, a limitação de informações conduz, necessariamente, a uma limitação das alternativas abertas à pessoa. Sob este aspecto, portanto, a ideia de determinismo não nega a liberdade de escolha, mas sugere que esta liberdade só se exerce diante de alternativas efetivamente presentes para quem escolhe. Embora a observação pareça óbvia, é frequentemente esquecida quando se discute a ideia de determinismo ou livre-arbítrio, supondo-se uma liberdade virtualmente ilimitada, quando esta evidentemente não existe em nossa experiência.

Até aqui o esquema não levou em conta a possibilidade de ação efetiva, mas apenas a escolha da melhor alternativa. Quando julgamos os outros, somos geralmente capazes de distinguir as possibilidades de ação, isto é, saber até que ponto é possível efetivar uma decisão. Neste caso, o principal obstáculo enfrentado por quem decide é o econômico. Embora a afirmação não seja frequente nos manuais, na sociedade burguesa o indivíduo adquire, pelo dinheiro, a possibilidade de decidir ou escolher. O pai decide cuidar do filho, mas essa decisão não pode ser realizada se não encontrar emprego. O neurótico, ainda que decida procurar tratamento psicológico, não poderá fazê-lo se não tiver recursos para pagar o psicoterapeuta. Nesses casos, a decisão fica encapsulada no "mundo interior", região dúbia e povoada de má-fé, onde o indivíduo engana a si mesmo, antes de enganar os outros. A solução deste aspecto do comportamento não depende do psicólogo, da mesma forma que o médico pode dar um regime alimentar mas não a possibilidade econômica de sua realização.

O domínio da análise do psicólogo refere-se a um terceiro aspecto – a influência da vida afetiva e inconsciente na decisão aparentemente racional. A primeira discussão deste problema foi realizada a propósito da influência pós-hipnótica. Como todos sabem, durante algum tempo houve quem afirmasse a possibilidade de uma interferência, arbitrária e incontrolável, do hipnotizador no hipnotizado. Embora a questão não esteja corretamente solucionada, parece correto afirmar: em primeiro lugar, mesmo durante o sono hipnótico, a pessoa não aceita qualquer ordem, parecendo defender-se, por exemplo, nos casos em que a ordem se opõe ao pudor; em segundo, quando aceita uma ordem, esta parece estar de acordo com um impulso preexistente, que a sugestão hipnótica *acentua* ou *facilita*, mas não *cria*. Este caso chama a atenção do grande público por apresentar uma situação de interferência dramática ou misteriosa na decisão do paciente. Do ponto de vista do psicólogo, no entanto, talvez não seja o caso mais difícil; afinal, na hipnose, a sugestão é necessariamente explícita e a reação necessariamente definida. A Psicologia contemporânea, sobretudo quando lida com tendências inconscientes, e com a influência de acontecimentos passados, parece alterar fundamentalmente as noções tradicionais de determinismo ou livre-arbítrio. Por isso, convém examinar a sua significação para o problema ético do psicólogo.

O inconsciente e as decisões

Quando anteriormente se apresentou o problema do determinismo, este foi considerado resultado da avaliação racional de alternativas propostas ao indivíduo. Em outras palavras, não foram consideradas suas tendências autônomas, ou que se tornaram autônomas mediante a aprendizagem ou do desenvolvimento afetivo. Se essas tendências fossem conscientes, ou estivessem submetidas a um controle racional, seria relativamente fácil considerar a sua interferência no processo de decisão. Nesse caso, seria possível pesar sua natureza. Aparentemente, algumas éticas do passado utilizaram esse esquema, ao supor a busca do prazer ou o egoísmo como móveis da ação. Quando se supõe um fator afetivo inconsciente, essa perturbação é mais radical, pois impede uma avaliação de fatores homogêneos.

A rigor, não existe solução para esse problema. A teoria de Freud, onde a questão aparece nitidamente, apresenta uma solução incompleta e, afinal, indefinida. Como supunha uma oposição inevitável entre os impulsos biológicos e a vida social, Freud imaginava também que a civilização representasse o triunfo das forças repressivas. Do ponto de vista ético, a teoria freudiana sugere, portanto, a submissão do indivíduo, pelo menos do indivíduo primitivo, diante das necessidades e obrigações sociais. Embora procure trazer à tona os impulsos antissociais, a intenção final de Freud parece ser o seu controle racional, isto é, sua neutralização.

Mas nossa perplexidade diante das revelações freudianas não pode parar na verificação de seus objetivos. Se a pessoa ainda não se submeteu à análise, pode, de boa-fé, ser enganada por suas intenções conscientes, pois estas traduzem, ou podem traduzir, um impulso contrário ao conscientemente manifestado. Assim, o moralista intransigente pode projetar, em seus semelhantes, os impulsos que não consegue reconhecer em si mesmo e, dessa maneira, satisfazê-los. Está claro que a forma psicanalítica de solucionar esse conflito será submeter a pessoa à análise e permitir que encontre expressão mais adequada para seus impulsos. No entanto, quando isso não ocorre, qual o nosso critério para julgar o comportamento dessa pessoa? Parece que ainda não temos uma resposta adequada para a pergunta; pelo menos, não temos critério para atender, satisfatoriamente, ao critério do indivíduo e às exigências sociais do comportamento. Se a condenação radical do indivíduo pode corresponder a uma necessidade do grupo, parece injusta, não apenas porque deixa de lado as condições da decisão individual, mas também porque o grupo, que atua nos padrões da mediana e da tradição, poderia eliminar contribuições importantes e só possíveis a indivíduos efetivamente acima da média. A história do movimento psicanalítico seria, aqui, um excelente exemplo. Se o grupo – que, infelizmente, não chegou a tais extremos – considerasse sua teoria como produto doentio e resultante de falta de amadurecimento psicológico, a sociedade de sua época teria defendido seus padrões de moralidade. No entanto, é evidente que o grupo perderia uma oportunidade de renovação e desenvolvimento. No outro extremo, não será difícil encontrar exemplos de indivíduos cuja obsessão – improdutiva e irremovível – representa um perigo à evolução construtiva de um país ou de um grupo. Aqui estariam colocados os que, por medo de suas forças inconscientes não controladas, acabam arrastando grupos inteiros na mesma obsessão doentia.

Além disso, nossas dificuldades não terminam neste ponto, pois não sabemos até que ponto a suposição de acontecimentos traumatizantes ou experiências desagradáveis não é utilizada como fuga à responsabilidade. Poder-se-ia ampliar um pouco uma sugestão de Maslow e dizer que a noção de neurose substituiu, para o homem moderno, a noção de pecado. Assim, não se estaria muito longe de algumas hipóteses de vários sociólogos, para os quais a doença é uma forma de fuga à responsabilidade. Se estas análises estão certas, existem alguns níveis ou tipos de doenças em que o sintoma seria uma forma de evitar a responsabilidade, atribuindo-a a equívocos do desenvolvimento infantil. Neste nível, seria correto dizer que, se não a Psicologia, pelo menos sua popularização envolve uma limitação da liberdade, e representa uma forma de fuga.

Também aqui parece que não dispomos de recursos para uma decisão imediata, e precisaremos de muito tempo para encontrar respostas satisfatórias. Apesar disso, não será demais lembrar que a angústia – qualquer que seja sua motivação básica – é um estado de intenso sofrimento, e não é muito justo reduzi-lo a uma *invenção* mais ou menos gratuita. Ainda que seja, como parece ser muitas vezes, forma de fuga ou egoísmo do paciente, a primeira e a maior vítima do processo é quase sempre ele próprio. Por isso, ainda que não houvesse outras razões superiores, merece nosso respeito e nossa compreensão.

A imagem do psicólogo

Outro problema que deve ser pensado em um código de ética refere-se à imagem que o psicólogo apresenta para o público.

Basta um momento de reflexão para perceber que, em grande parte, a necessidade do psicólogo decorre da superação ou descrédito de padrões tradicionais de educação e comportamento. Embora nas utopias – como *A República*, de Platão – se tenha pensado na significação do processo educativo, essa preocupação não parece ter atingido o grande público. Sob os nossos olhos, ainda hoje, vemos crianças que, abandonadas ou utilizadas como força de trabalho, desconhecem a infância de que nos falam os livros de Psicologia. Felizmente, no entanto, a ideia de que a infância é talvez a fase mais importante do desenvolvimento parece cada vez mais difundida e aceita. Se, para a criança, essa nova concepção é certamente benéfica, o psicólogo não pode deixar de medir suas responsabilidades na nova situação. Há apenas duas gerações, as dúvidas quando à educação – sobretudo a educação afetiva – pareciam mínimas ou quase inexistentes. E ainda em 1960, no Nordeste do Brasil, havia escolas onde a palmatória, longe de ser peça de museu, era objeto de emprego usual e indiscutível. Se, do ponto de vista da criança, o sistema parece cruel e injusto, para o adulto apresenta vantagens indiscutíveis. Pelo menos, os pais não têm dúvidas quanto aos efeitos de seus atos, nem são atormentados por sentimentos de culpa.

A Psicologia muda essa concepção, não só porque discute os padrões tradicionais, mas também porque, em certos casos, contraria frontalmente hábitos mantidos por várias gerações.

Lembre-se, como exemplo, a ideia, hoje aceita e aparentemente válida, segundo a qual o excesso de amor não pode prejudicar a criança; ao contrário, supõe-se que o excessivo rigor pode impedir um desenvolvimento adequado. Ora, muitos lembram ainda de histórias, frequentes em livros didáticos mais antigos, em que o filho já adulto condenava a excessiva *bondade* dos pais. Em outros casos, os psicólogos, educadores e pediatras negaram os hábitos tradicionais, mas depois voltaram a estes, convencidos – embora não se saiba muito bem porque – do erro da *teoria* moderna. Pense-se, como exemplo, no fato de a geração nascida por volta de 1930, nos Estados Unidos, ter sido educada segundo o princípio de que a criança pequena não deve ser carregada ou acariciada quando chora.

Todos esses exemplos, extraídos de situações bem nítidas, sugerem que o psicólogo é chamado a opinar quando os padrões tradicionais desaparecem ou perdem prestígio. O nosso problema pode ser formulado por uma pergunta: sabemos, sempre, o que é melhor para o futuro da criança? Ou, dizendo de outro modo: temos o direito de sugerir um padrão novo, quando não temos provas de sua eficiência ou adequação? A resposta não é tão simples quanto parece à primeira vista. Os pais procuram o psicólogo por muitas razões. Às vezes, são neuróticos, desorientados, movidos por profundo sentimento de culpa com relação aos filhos. Muitas vezes, no entanto, estão perplexos diante de um desenvolvimento estranho da criança, e pensam no psicólogo como o *técnico* capaz de solucionar um problema. O fato de não termos a solução não deve ser motivo para sentimento de inferioridade; afinal, os grandes triunfos da medicina foram obtidos nos últimos cem anos, e essa é uma das ciências mais antigas. Em nosso caso, lidamos com categorias muito menos precisas, como autoidentificação, inteligência, ajustamento emocional e nossa margem de erro é indiscutivelmente maior.

A imagem do psicólogo aparece, ainda, na escola e nos processos de verificação da personalidade. Considere-se, como exemplo, a ideia de *testes* para medir inteligência ou aproveitamento. Com base em uma série de observações indiscutivelmente corretas, os psicólogos difundiram a ideia – que talvez não seja tão correta assim, pelo menos em todos os casos – de que os testes representam melhor instrumento de seleção. Se é verdade que a prova tradicional – dissertativa – não pode ser avaliada por critérios rigorosamente objetivos, será igualmente verdade que devemos afastar tais provas do currículo? Não será verificação errada a que exclui a dissertação, quanto esta é, fora da escola, o critério de aferição do valor e da competência?

Embora o problema pareça mais técnico do que ético, deve ser mencionado como um caso em que se espera, do psicólogo, uma solução satisfatória, que talvez ainda não esteja em condições de apresentar. Quando isso ocorre, não será legítimo considerar o trabalho psicológico contribuição experimental, que ainda não pode ser utilizada na prática? A pergunta seria ociosa, se não houvesse uma grande pressa – talvez mais em leigos do que em psicólogos – em utilizar os novos recursos criados pela psicologia. Se pensarmos no exemplo de outros países, em que os psicólogos foram criticados – com ou sem razão, não importa discutir agora – como responsáveis por má seleção de estudantes, temos uma indicação dos cuidados necessários no uso desses instrumentos.

A mesma coisa pode ser dita, e com maior razão, a respeito das técnicas de estudo da personalidade. É suficiente ler os psicólogos mais estatísticos, para compreender suas objeções às técnicas *clínicas*, tais como os testes projetivos. Ainda que o problema teórico seja fascinante, a pergunta ética refere-se ao problema de sua utilização para situações em que a pessoa pode perder uma oportunidade de emprego porque o aplicador da prova descobriu tal ou qual sintoma em suas respostas.

Essas observações poderiam ser ampliadas para a observação do psicólogo experimentador, e de seu comportamento diante dos sujeitos. Parecem suficientes, no entanto, para sugerir a necessidade de uma reflexão contínua sobre esses problemas, para que o psicólogo possa exercer satisfatoriamente sua profissão.

Conclusão

Aqui foram sugeridas algumas áreas que podem representar fontes de atrito ou perturbação para o psicólogo. Sem intenção de chegar a princípios concretos procurei indicar que o *problema da liberdade* e o da *imagem do psicólogo* devem ser considerados nucleares de uma análise dos problemas éticos do psicólogo. O primeiro problema refere-se ao grau de interferência do psicólogo no comportamento das pessoas; o segundo, àquilo que a sociedade espera do psicólogo. Apenas mediante uma discussão prolongada, em que todos colaborem, poderemos ajustar essas questões às necessidades dos profissionais e do público.

5
A percepção na sala de aula*

O problema teórico da percepção social

Durante grande parte da história da psicologia experimental, estudou-se apenas a percepção de objetos. Até certo ponto, era compreensível que isso acontecesse, pois os objetos, ao contrário dos seres humanos, podem ser facilmente controlados no laboratório, o que facilita a análise teórica e experimental do processo de percepção.

Esse interesse coincidia com outras tendências da psicologia e da sociologia: a primeira procurava estudar o comportamento de um indivíduo isolado, considerando-se suas reações às condições físicas do ambiente; a sociologia buscava estudar as

---

* *Boletim de Matemática e Estatística.* Araraquara. Faculdade de Filosofia, Ciências e Letras. n.1 p.40-61, maio 1965. Este trabalho, realizado em conjunto com o professor de Estatística Edison Galvão, contou com a colaboração dos alunos do grupo I, de formação do pesquisador, do curso de Pedagogia – Carlos Vanni, Cléa Grillo, Cecília Brasilísia de Carvalho, Iracy Igayara de Freitas, Maria Lúcia de Castro Guidoni – que participaram de todas as suas fases, desde o planejamento às conclusões.

sociedades como um todo, pois evidentemente era fiel a suas origens na filosofia da história, que procurava as leis do desenvolvimento histórico da humanidade. As exceções – como a de Georg Simmel, por exemplo, que também se interessou pelos pequenos grupos e pela percepção social – não eram suficientes para modificar esse quadro geral das ciências humanas.

Nas duas últimas décadas, no entanto, esse esquema deixou de ser válido. De um lado, os trabalhos pioneiros de Kurt Lewin tornaram possível o estudo experimental dos pequenos grupos, de outro, tornou-se cada vez mais evidente a necessidade de, nesse estudo, levar em conta a percepção de pessoas, pois esse é o primeiro passo para o comportamento interpessoal. Além disso, uma longa tradição filosófica tendia a explicar a percepção do outro como inferência, realizada com base na percepção de si mesmo. De fato, parece que as pessoas se comportam com relação às qualidades que percebem nos outros.

Se se aceitam esses princípios básicos, parece evidente a necessidade de estudar as condições em que se dá a percepção, bem como as qualidades que somos capazes de identificar nos outros.

Duas interpretações do processo perceptual

Na psicologia contemporânea encontramos duas interpretações fundamentais do processo perceptual. A teoria psicanalítica tende a explicar a percepção por meio de necessidades do percebedor. Nesse caso, os psicanalistas falam, por exemplo, em *projeção*, isto é, o processo pelo qual o percebedor vê, no outro, certas características indesejáveis que não consegue ou não deseja ver em si mesmo. Admite-se, assim, que uma pessoa muito *agressiva* defende-se dos conflitos que sentiria ao reconhecer-se com essa característica, ao atribuir, aos outros, essa característica socialmente condenável. A dificuldade óbvia da teoria reside no fato de ser utilizada com frequência sem comprovação adequada. Se, nos casos de muitos doentes mentais, o processo projetivo parece evidente e indiscutível, sua verificação em pessoas normais não é fácil nem direta. Quando o psicótico atribui a vozes que o atormentam a instigação de desejos socialmente inaceitáveis, – como agressão ou atos sexuais –, podemos ter quase certeza de que essas vozes são criações de seu inconsciente reprimido. Mas, quando uma pessoa normal descreve outra como agressiva, é preciso satisfazer a várias condições, antes de poder afirmar, com segurança, que estamos diante do processo de projeção. Fundamentalmente, seria necessário comprovar duas coisas: 1) que o percebedor tem, e não reconhece, características de agressividade; e 2) que a pessoa a quem atribui agressividade não tem essas características. Aparentemente, até agora apenas um planejamento experimental conseguiu realizar uma verificação desse tipo (Sears, 1936). Nesse experimento, Sears conseguiu verificar que estudantes menos capazes de perceber suas características indesejáveis tendiam a atribuí-las a seus colegas. No entanto, uma tentativa de repetição do experimento, em que se ligava a atribuição de estereótipos nacionais à projeção de características indesejáveis, segundo a hipótese de Bettelheim e Janowitz (1950), não conseguiu verificar o aparecimento de projeção (Moreira Leite, 1955).

É perfeitamente possível, no entanto, que a escassez de dados para a comprovação da teoria resulte de dificuldade de planejamento experimental. Na realidade, parece que não podemos criar, em situação de laboratório, uma repressão suficientemente forte, capaz de provocar o processo de projeção. Isso significa que precisamos contar com *repressões* e *projeções* já existentes no momento do trabalho experimental. Se isso é verdade, Sears, que conseguiu comprovar o aparecimento da projeção, trabalhou com pessoas desse tipo, o que não teria ocorrido em outros experimentos.

Essa dificuldade não parece existir em outras condições, quando os impulsos do indivíduo não precisam ser necessariamente reprimidos, pois não se referem a objetos ou situações socialmente condenáveis. Uma tendência teórica que há alguns anos conseguiu notoriedade – a chamada "moda nova" na percepção[1] – procura estudar a interferência afetiva na percepção. Pôde-se demonstrar, por exemplo, que pessoas com fome têm tendência para perceber, em figuras perceptualmente imprecisas, objetos de alimentos. Infelizmente, embora esses trabalhos possam ser transpostos para a percepção de pessoas, tiveram uma preocupação quase exclusiva com objetos físicos, socialmente valorizados.

A outra teoria perceptual – em grande parte decorrente dos estudos dos gestaltistas e fenomenologistas – tem tendência nitidamente *realista*, isto é, parte da suposição de que somos capazes de perceber características psicológicas efetivamente existentes no outro. Embora sejam muito numerosos os estudos teóricos e experimentais, as discussões completas são, provavelmente, as de Asch (1960) e Heider (1958). Um dos trabalhos de Asch (1948) tem importância fundamental para os estudos de percepção de pessoas, pois consegue demonstrar que as *impressões* de pessoas imaginárias – descritas para os sujeitos do experimento – não se formam por um processo somatório, mas são organizadas. Isso significa, em outras palavras, que algumas características parecem nucleares, e as secundárias adquirem um colorido decorrente das primeiras. Nesse caso, se a característica fundamental de uma pessoa é a *bondade*, esta tenderá a determinar o sentido de suas outras características, por exemplo, a inteligência. Portanto, se há duas pessoas, uma bondosa e inteligente e outra maldosa e inteligente, a característica inteligência – aparentemente igual

---

[1] Cf. por exemplo, a apresentação de Brummer, 1958, p.85-94. O artigo resume os experimentos, realizados até esta data, segundo esta tendência teórica.

em ambas – não será percebida como *uma* característica, mas como duas características diferentes. Assim, a inteligência da pessoa maldosa pode ser vista como *astúcia*, ao passo que a da pessoa bondosa será percebida como *compreensão*.

Embora a técnica de Asch tenha sido empregada em muitos trabalhos experimentais e possa revelar uma condição básica do processo de percepção, tem uma dificuldade fundamental: lida com pessoas *imaginárias* e não podemos saber até que ponto, diante de pessoas concretas, somos capazes de ter percepções tão *inteligentes* ou *racionais* como as que apresentamos diante de pessoas cujas características são indicadas pelo experimentador. Na realidade, é possível que nem sempre sejamos capazes de conceituar as características das pessoas com que estamos em contato imediato. Por isso, é de grande interesse teórico conseguir uma situação em que seja possível provocar não apenas a percepção de uma pessoa por outras, mas também sua manifestação conceitual.

A percepção do professor pelo aluno

Em vários aspectos, a situação de sala de aula é privilegiada para o estudo da percepção de pessoas. Em primeiro lugar, a posição do professor faz que seja obrigatoriamente percebido pelo aluno. Em segundo lugar, essa percepção pode ser estudada *no tempo*, uma vez que o mesmo professor em geral trabalha durante o ano todo com a mesma classe. Finalmente, como o mesmo professor trabalha em várias classes, podemos verificar impressões de grupos diferentes, de maturidade também diferente, a respeito da mesma pessoa.

Ainda do ponto de vista estritamente teórico, essas vantagens podem ser contrabalançadas por certos aspectos que dificultam a percepção do professor pelo aluno. É perfeitamente possível que a identificação que os alunos costumam fazer entre o professor e a disciplina que leciona prejudique a percepção da *pessoa* do professor. Por exemplo, é perfeitamente possível que o professor de Matemática, pelo menos em alguns cursos, receba parte do halo negativo que essa disciplina tem para os alunos. Outra dificuldade decorre da expectativa dos alunos com relação a determinados professores que trabalham na escola há algum tempo. Todos sabem que alguns professores criam um bom *renome* entre os alunos, ao passo que outros são vistos com conotação negativa. Na interação professor-aluno, essas expectativas, positivas ou negativas, podem ter influência decisiva. Quando os alunos têm expectativa positiva, criam um ambiente favorável ao professor, de forma que este tem possibilidade muito grande de realizar um trabalho produtivo e, assim, confirmar a expectativa preexistente. No caso da expectativa negativa – formada antecipadamente pelas observações de outros alunos – o efeito é oposto, mas confirma a expectativa negativa.

Isolar e controlar essas variáveis é um árduo problema experimental. Talvez por isso, apesar de toda a literatura pedagógica dos últimos cinquenta anos, exista um número tão reduzido de estudos sobre a percepção do professor. Além de algumas análises puramente intuitivas, como as de Fleming (1944) ou de Highet (1950) ou das descrições romanceadas, como as de Mary McCarthy (1953), que procuram indicar os aspectos fundamentais da percepção do professor pelo aluno, dispomos de poucos dados. Mesmo as tentativas de sistematização, como as de Katz (1962) ou Adelson (1962), não puderam utilizar dados experimentais ou de observação controlada.

Apesar dessas dificuldades, pareceu interessante tentar isolar algumas variáveis responsáveis pela percepção do professor pelo aluno. É evidente que, nos primeiros experimentos, será necessário trabalhar com número muito reduzido de variáveis e correr o risco de que estas não sejam as mais importantes para a compreensão dos processos que devem ser estudados.

Outra dificuldade decorre da significação que tem, para professores e alunos, a interação que estabelecem. Até certo ponto, professores e alunos, sobretudo quando realmente integrados em uma escola, tendem a sentir-se como participantes de um grupo, responsáveis por um empreendimento comum. Nesse caso, os alunos tendem a não exprimir, diante de estranhos ou em situações mais formais, as críticas negativas que podem apresentar entre colegas. Isso tende, provavelmente, a provocar um viés nos dados. Em outras escolas, quando não ocorre essa integração, devemos esperar o viés contrário. Em qualquer caso, como se vê, há uma deformação, ora do processo perceptual, ora de sua apresentação concreta.

Ainda outra dificuldade decorre das relações entre professores. Esse trabalho experimental, a não ser quando realizado com extrema cautela, pode provocar atritos ou pelo menos suspeitas entre professores, pois a apreciação dos alunos pode ser usada *contra* alguns e *a favor* de outros.

Finalmente, os adjetivos usados pelos alunos para caracterizar alguns professores tendem a transformar-se em estereótipos e a perder suas conotações mais ricas ou reveladoras. Por exemplo, quando as alunas dizem que o professor "é um amor", podem estar englobando, nessa qualificação, muitas características díspares, cuja explicitação o experimentador pode não conseguir. O mesmo acontece quando os alunos dizem que o professor é "chutador" – qualificação que procura indicar, aparentemente, falta de cuidado nas afirmações, mas pode ter conotações ainda mais pejorativas. Além disso, esses adjetivos podem variar de época para época, pois variam de acordo com a moda, isto é, o que os alunos valorizam ou condenam depende de tendências sociais mais amplas, que nem sempre podemos identificar facilmente. Se consideramos os exemplos antes indicados, parece óbvio que os alunos jamais empregariam a qualificação "um amor", embora esta seja mais ou menos frequente entre as moças.

Essas dificuldades explicam que o experimento aqui relatado tenha utilizado características relativamente definidas, bem como uma circunstância bem nítida – professor *novo* ou *velho* na escola –, a fim de verificar sua relativa importância para o processo perceptual.

Alguns problemas antes sugeridos – por exemplo, a relação entre as características do professor e a disciplina que leciona – só poderão ser verificados com a ampliação do experimento para outras escolas.

Histórico

Em maio de 1963, foi realizado um experimento na Faculdade de Filosofia, Ciências e Letras de Araraquara, nas cadeiras de Psicologia e Estatística dessa Faculdade, visando ao estudo da percepção em sala de aula e, em particular, a influência que o primeiro contato com o professor exerce sobre o aluno. Esse experimento foi realizado como parte inicial de um estudo mais amplo sobre percepção em sala de aula, com o objetivo de caracterizar a interação aluno-professor no processo educacional.

Planejamento

Durante seu planejamento, os autores decidiram que a influência do primeiro contato deveria ser, fundamentalmente, caracterizada pela classificação que o aluno desse ao professor nessa ocasião, associada aos resultados escolares do aluno na matéria correspondente.

Para que esses resultados fossem mais válidos, achou-se que deveriam ser comparados com os de professores já existentes na Faculdade, na mesma ocasião, em condições o mais possivelmente correspondentes de cursos e graus, e que o acompanhamento fosse feito ao longo do ano, com várias tomadas de opinião dos alunos.

Após a discussão necessária, optou-se pela coleta de opiniões por escrito, por meio de questionário que reunisse as características seguintes: deveria ser o mais simples possível, pois o aluno deveria responder no intervalo subsequente à primeira aula dada; deveria conter uma pergunta básica sobre a opinião do aluno com respeito ao professor (como mestre e não como pessoa), manifestada por meio de um dos três itens: bom, regular, mau – preferiu-se, aqui, reunir, também, poucas alternativas; o questionário deveria conter, além dessa, outras perguntas, que evitassem a concentração da atenção do aluno sobre a pergunta básica, de maneira que sua resposta fosse a mais espontânea possível – as perguntas escolhidas diziam respeito ao aproveitamento do aluno, nos diversos períodos do ano; além disso, já visando à futura análise de traços psicológicos, uma última pergunta pedia que o professor fosse caracterizado em uma só palavra.

No cabeçalho, e por motivos óbvios, uma frase chamava a atenção sobre o sigilo que seria mantido em torno das respostas.

O número de professores novos, na ocasião, era de cinco: foram tomados, correspondendo a eles, quatro professores "velhos". Os cinco cursos existentes na Faculdade foram envolvidos: Pedagogia, Ciências Sociais, Letras Românicas, Letras Anglo-Germânicas, Química. O número de anos em que cada professor foi acompanhado não foi constante.

Realização

Alguns dos novos docentes não chegaram no início do período letivo, sendo eliminados. Em algumas das tomadas de opinião houve professores ausentes, perdendo-se, com isso, parte das informações. De modo geral, entretanto, pôde-se obter a maioria das respostas.

Os questionários foram aplicados em maio, junho, setembro e novembro, pelos alunos do quarto ano de Pedagogia, com especialização encaminhada para pesquisa. Padronizou-se a técnica de aplicação dos questionários: os aplicadores entravam imediatamente após a aula, davam uma explicação rápida e sempre igual sobre os objetivos do trabalho,[2] e então as folhas eram atribuídas aos alunos; as reações eram observadas para controle de eventuais falhas na aplicação dos inquéritos.

Em agosto e outubro, dois inquéritos orais foram efetuados, com o objetivo de confirmar as respostas dos escritos.

Os resultados das respostas aos questionários estão apresentados na tabela 1, a seguir.

O aproveitamento escolar dos alunos foi obtido pelas médias de primeira época.

Tabela 1 – Distribuição da classificação de professores, segundo as modalidades bom, regular, mau, por curso e ano.

Antigos Professores	Ano	Curso	Classif.	T_0	T_1	T_2	T_3	T_4
I	1	A	b		7	6		
			r		7	8		
	1	B	b		14	16		
			r		3	2		
			m			1		
II	2	A	b		1	3	2	1
			r		6	10	10	8
			m		2			

---

[2] Diziam que estavam estudando a variação do aproveitamento de acordo com o período do ano letivo.

				T_0	T_1	T_2	T_3	T_4
III	1	D	b		14	12	15	7
			r		3	3	2	0
IV	1	C	b		6	2	7	6
			r		2			1
	1	E	b		11	7	14	13
			r		8	7	6	6
	2	E	b		14	7	13	9
			r		3	4	5	7

Novos Professores	Ano	Curso	Classif.	T_0	T_1	T_2	T_3	T_4
V	1	B	b	12				
			r	1				
VI	1	C	b	5	7	5	8	8
			r	-	-	-	-	-
VII	1	E	b	14	14	13	12	3
			r	3	2	5	4	4
	2	E	b	11	13			7
			r	2				1
	3	E	b	12	9	9		
			r	3	1	2		

Análise dos dados

A análise da Tabela 1 foi feita em relação aos seguintes itens, considerados no planejamento:

1. comparação dos resultados para os diversos professores;
2. comparação entre opinião inicial e final, para cada professor;
3. opinião sobre o mesmo professor, em cursos diferentes;
4. comparação entre opiniões sobre o mesmo professor, em diversos anos; e
5. comparação entre professores novos e velhos.

Consideramos, para essa análise, a tabela 2, em que os resultados são porcentagens de opinião, calculadas a partir da tabela 1:

1. A opinião dos alunos sobre os professores, segundo as categorias bom, regular, mau, varia de um professor para outro. Embora as classes sejam diferentes e essas categorias não tenham o mesmo significado, necessariamente, de um aluno para outro, as diferenças de resultado parecem grandes o suficiente para se dizer, de modo geral, que há professores mais ou menos considerados, do ponto de vista didático, pelos alunos. Mesmo que essa conclusão pertença ao campo de observação comum, os resultados conseguidos fazem supor que, persistindo as condições do experimento, é possível atribuir a cada professor um "grau" que corresponda, por exemplo, à porcentagem com que ele é visto como bom (observe-se que o resultado *mau* é raro). A estimação desse grau, entretanto, foge às condições imediatas desse experimento.

2. Quando se comparam, para cada docente, as porcentagens referentes a cada categoria, ao longo do tempo, pode-se notar estabilidade bastante grande de opinião, do começo ao fim do ano. Realmente, dados os baixos valores das frequências absolutas, as variações percentuais parecem não ter maior significado. Tal fato reforça a possibilidade de atribuir um "grau" aos professores.

Tabela 2 – Distribuição porcentual da classificação bom ou não bom, de professores, para os diversos cursos e graus.

Antigos Professores	Ano	Curso	Classif.	T_0	T_1	T_2	T_3	T_4
I	1	A	b		50	44		
			nb		50	56		
	1	B	b		82	84		
			nb		18	16		
II	2	A	b		11	23	17	11
			nb		89	77	83	89

	Ano	Curso	Classif.				
III	1	D	b	82	80	88	100
			nb	18	20	12	0
IV	1	C	b	75	100	100	86
			nb	25			14
	1	E	b	58	50	70	68
			nb	42	50	30	32
	2	E	b	82	64	72	56
			nb	18	36	28	44

Novos Professores	Ano	Curso	Classif.	T_0	T_1	T_2	T_3	T_4
V	1	B	b	92				
			nb	8				
VI	1	C	b	100	100	100	100	100
VII	1	E	b	82	88	72	75	43
			nb	18	12	28	25	57
	2	E	b	100	87			88
			nb		13			12
	3	E	b	80	90	82		
			nb	20	10	118		

Nessa tomada de opinião, faltou a maior parte da classe.

3. No entanto, a observação dos dois únicos casos em que os professores dão aulas a classes de cursos diferentes (I e IV), mas no mesmo ano, sugere a possibilidade de que o professor seja visto de maneira diferente, em função, provavelmente, da maior ou menor afinidade de sua matéria com uma caracterização geral do curso, aceita pelo aluno.

4. Quanto à opinião sobre o mesmo professor, em anos diferentes do mesmo curso, pode-se observar que não são visíveis alterações médias sensíveis

5. A estabilidade de opinião ao longo do ano não permite afirmar que haja uma influência decorrente do fato de o professor ser "novo", de tal maneira que as expectativas do aluno, em face do primeiro contato, se alterem depois. Os resultados mostram

que a impressão persiste, da mesma forma que ocorre com os antigos, para os quais as expectativas já estão definidas pela tradição oral da faculdade.

Associação notas-classificação inicial

A verificação da influência do contato inicial, por meio dos resultados finais de aproveitamento, será feita por:

a. comparação dos resultados para os professores novos;

b. comparação dos resultados para os professores antigos, em *primeiro contato*; e

c. comparação dos resultados para todos os professores.

Em todos os casos de associação aqui considerados, a classificação do professor é a considerada anteriormente: bom e não bom. Quanto à classificação de alunos, pelo aproveitamento, será a de aprovados e reprovados em primeira época.

a. Associação classificação-aproveitamento, para os professores novos:

Tabela 3

	A	R	Total
B	44	10	54
NB	7	0	7
Total	51	10	61

em que qui-quadrado (corrigido para continuidade) = 2,54 n.s.

b. Associação classificação-aproveitamento, para os professores antigos, em primeiro contato:

Tabela 4

	A	R	Total
B	34	19	53
NB	25	6	31
Total	59	25	84

qui-quadrado = 1,53 n.s.

c. Associação classificação-aproveitamento, para todos os professores:

Tabela 5

	A	R	Total
B	92	29	121
NB	35	6	41
Total	127	35	162

qui-quadrado = 1,57 n.s.

Desses resultados de associação, pode-se chegar, portanto, à conclusão de que, em uma população semelhante à dos alunos analisados, não se evidencia influência do contato inicial com o professor sobre o aproveitamento do aluno.

Conclusão

Nas condições do experimento:

a. Não se evidenciou influência do contato inicial com o professor sobre o aproveitamento do aluno.

b. O fato de o professor ser antigo ou novo não condicionou a opinião do aluno, ao longo do período escolar, nas observações por nós efetuadas.

c. Nossos dados apresentaram estabilidade com relação à opinião do aluno sobre o professor nos diversos períodos do ano, o que assume importância especial, se lembrarmos que isso ocorre com professores de características diferentes, pertencentes a cursos diferentes.

d. O mesmo professor, no mesmo ano, pode ser visto de maneira diferente, em cursos diferentes.

e. Anos diferentes de mesmo curso não mostraram resultados médios diferentes para o mesmo professor nos casos aqui verificados.

Referências bibliográficas

ADELSON, J. The Teacher as a Model. In: SANFORD, Nevitt. *The American College*. Nova York: Wiley, 1962, p.396-417.

ASCH, S. E. Forming Impressions of Personality. *Journal of Abnormal and Social Psychology*. n.41, p.258-90, 1948.

_____. *Psicologia Social*. Trad. Dante Moreira Leite e Miriam L. Moreira Leite. São Paulo: Nacional, 1960.

BETTELHEIM, B.; JANOWITZ, M. *Dynamics of Prejudice: a Psychological and Sociological Study of Veterans*. Nova York: Harper, 1950.

BRUMER, J. S. Social Psychology and Perception. In: MACCOBY, E. E; NEWCOMB, T. M.; HARTLEY, E. L. *Readings in Social Psychology*. Nova York: Henry Holt, 1958, p.85-94.

FLEMING, C. M. *The Social Psychology of Education*. Londres: Kegan Paul, 1944.

HEIDER, F. *The Psychology of Interpersonal Relations*. Nova York: John Wiley, 1958.

HIGHET, G. *The Art of Teaching*. Nova York: Alfred Knopf, 1950.

KATZ, J. Personality and Interpersonal Relations in the College Classroom. In: SANFORD, Nevitt (ed). *The American College*. Nova York: Wiley, 1962, p.365-95.

McCARTHY, M. *The Groves of Academe*. Londres: Panther, 1964 (1 ed. 1953).

MOREIRA LEITE, D. *Projection and Stereotypes*. University of Kansas, 1955 (não publicado).

SEARS, R. R. Experimental Studies of Projection I. Attribution of Traits. *Journal of Social Psychology*. n.7, p.51-63, 1936.

6
Conformismo e independência*

O conformismo do indivíduo aos padrões do grupo é, reconhecidamente, um dos aspectos mais importantes da vida social e individual. Em nível bem amplo, os sociólogos, pelo menos desde Durkheim, sempre reconheceram que esse conformismo ou aceitação dos padrões do grupo seria um elemento básico para a compreensão da vida coletiva. Para muitos sociólogos, sobretudo para aqueles que pensaram na tradição empirista da Inglaterra e dos Estados Unidos, a suposição de uma consciência coletiva equivaleria à introdução de uma variável não comprovada, quando não mística, e por isso o conceito foi abandonado. No entanto, se o conceito de consciência coletiva, oposta a uma consciência individual, pareceu inaceitável, permaneceu a verificação de que indivíduos do mesmo grupo tendem a comportar-se da mesma forma ou, pelo menos, de forma semelhante.

Essa verificação pode ser feita em nível bem amplo – quando observamos que as concepções de moralidade e religião variam de sociedade para sociedade –, ou em nível mais restrito, quando

---

* *Debate e Crítica*. São Paulo, n.2, jan./jun. 1974, p.65-76.

notamos as variações de moda no vestuário ou no gosto artístico e literário.

Para dar conta disso, muitos sociólogos e psicólogos contemporâneos utilizaram dois conceitos fundamentais, aparentemente capazes de explicar por que os indivíduos de um grupo se comportam de uma forma, ao passo que os de outro apresentam um comportamento diverso, às vezes antagônico. Esses conceitos são a cultura e a aprendizagem. Se por cultura entendemos os padrões de comportamento vigentes, em dada sociedade, em determinado momento, parece simples explicar que os indivíduos aí nascidos aprenderão certas maneiras de agir. Essa aprendizagem – supostamente obtida por meio de prêmios e castigos – explicaria, depois, a relativa uniformidade de comportamento dos indivíduos.

Esse esquema, com que trabalham muitos psicólogos e sociólogos, na verdade não consegue explicar tanto quanto promete. Há, por exemplo, a noção de cultura, que é um conceito formado ou construído pelo observador. É que este não pode ver nem estudar uma cultura; o que pode fazer é estudar ou observar indivíduos e, com base neles, inferir os padrões gerais que lhes foram impostos ou que procuram obedecer. Isso fica bem claro quando pensamos que aqueles que supostamente aceitam determinado padrão nem sempre serão capazes de explicitá-lo, porque não percebem a relatividade dos padrões de comportamento, ou a possibilidade de outra forma de agir. Disso resulta que essa explicação do comportamento acaba por ser, na realidade, uma explicação circular.

O antropólogo observa certos padrões de comportamento em indivíduos; desses padrões infere uma norma geral da sociedade; com base nessas normas explica o comportamento como forma de obedecer às normas vigentes. Ocorre que, para toda explicação, o antropólogo dispôs apenas de comportamentos observados em indivíduos e nada mais, isto é, o comportamento foi explicado pelo próprio comportamento observado. Quando se pergunta por que em determinada sociedade os indivíduos são alegres ou tristes, expansivos ou reservados, individualistas ou não, a resposta é que a cultura impõe essa forma de comportamento. Essa imposição é verificada pelo fato de que os indivíduos são alegres ou tristes, expansivos ou reservados.

Está claro que esse modelo de explicação pode tornar-se um pouco mais rico e menos insatisfatório quando se inferem padrões adultos com base em experiências infantis. Nesse caso não se está diante de uma explicação circular, pois o comportamento adulto resultaria de experiências padronizadas e observáveis, mas que não coincidem com o comportamento que se deseja explicar. Essa seria, por exemplo, a explicação de certos comportamentos adultos em razão do desmame, do relativo cuidado recebido na infância e assim por diante.

Tanto em um caso como no outro, no entanto, o modelo explicativo pela cultura-aprendizagem tem limitações muito grandes. Há a dificuldade para explicar os que não se conformam aos padrões, isto é, os que se desviam da norma vigente em certa cultura. Ruth Benedict e Margaret Mead, por exemplo, que usaram o modelo em diferentes níveis de generalidade, acabaram por explicar os inconformistas por meio de características biológicas, o que significaria aceitar pela porta dos fundos o que haviam eliminado pela porta da frente, isto é, as diferenças individuais. No entanto, a maior dificuldade do modelo está na necessidade de explicar a evolução cultural ou a mudança de padrões. Se o comportamento é aprendido e se é a aprendizagem que explica a relativa uniformidade entre indivíduos, como explicar que existam transformações na sociedade ou nos padrões aprendidos? É certo que, em muitos casos, a modificação pode ser explicada pelo contato com outras culturas, isto é, pela introdução de padrões novos. Essa observação é efetivamente produtiva, pois algumas das mais notáveis mudanças culturais se deram em momentos de contato de culturas diferentes. Mas é também evidente que o contato não pode explicar todas as transformações, pois algumas parecem surgir das condições de vida do grupo.

Essas notas não pretendem, evidentemente, solucionar o problema, mas apenas indicá-lo. Se a noção de cultura permitiu algumas observações preciosas e ampliou nosso conhecimento da variabilidade do comportamento humano, não é uma explicação para esse comportamento. Fundamentalmente, o que a noção de cultura-aprendizagem não permite explicar é a variabilidade do comportamento, tanto interindividual quanto de uma época para outra. Na verdade, a grande limitação desse modelo é ser estático, isto é, supor que o comportamento se repete, geração após geração; quando isso não ocorre, o antropólogo e o sociólogo são obrigados a aceitar outros conceitos que contrariam o modelo – por exemplo, a variabilidade biológica dos indivíduos.

Na vida contemporânea, tanto a noção de conformismo aos padrões quanto a de variabilidade passaram para o primeiro plano das reflexões e das observações de sociólogos, antropólogos e psicólogos. Em grande parte, esse interesse foi despertado pelo movimento nazista na Alemanha. De certo modo, o nazismo foi entendido como um caso-limite e, por isso, o conhecimento das condições de seu aparecimento e aceitação deveria despertar grande interesse. Em poucas palavras, a pergunta a ser respondida era a seguinte: como seria possível que um povo de repente aceitasse uma doutrina irracional e se dispusesse a sacrificar-se por ela? Como seria possível a aceitação, na Europa do século XX, de um líder como Hitler?

A trinta anos de distância, o assombro dos intelectuais europeus pode parecer um pouco ingênuo. Colocada em perspectiva histórica, essa irracionalidade não parece muito diversa da que está por trás de muitas guerras, muitos movimentos políticos e econômicos.

De qualquer forma, a existência do nazismo representou para os intelectuais de todas as tendências políticas a perda final da inocência, o último golpe no racionalismo que a cultura europeia tinha herdado do Iluminismo. Já não era possível imaginar que a instrução fosse necessariamente um elemento de libertação, pois os recursos das comunicações modernas podem poluir a capacidade de discernimento do homem; nem era possível acreditar em um progresso constante, promovido pela ciência. O europeu foi obrigado, como já o fora na Primeira Grande Guerra, a reconhecer que o impulso para destruir, se não é espontâneo no homem, nele pode ser facilmente despertado. Como todos lembram, foi o espetáculo de soldados que iam alegres para o campo de batalha que levou Freud a supor um impulso para a morte, como se o homem estivesse dividido entre forças antagônicas que o levam a procurar o amor e a vida, mas também a autodestruição.

Foi essa perda da inocência que sensibilizou sociólogos e psicólogos das décadas de 1940 e 1950 a notar o que lhes parecia uma tendência cada vez mais nítida para o conformismo na juventude norte-americana da época. Entre as numerosas análises que então apareceram as mais conhecidas foram certamente as de Erich Fromm e de David Riesman. Fromm supunha um medo à liberdade, uma tendência do homem para refugiar-se na obediência e nos padrões coletivos. Riesman imaginava que, em nossa época, o homem tenderia a ser dirigido por forças externas, a renunciar a sua autonomia.

As quase três décadas que nos separam de Fromm e os vinte anos que nos separam de Riesman permitem algumas observações amargas sobre a possibilidade de previsão nas ciências humanas. Hoje, o que chama a atenção na juventude parece ser exatamente o oposto: a negação dos valores tradicionais, a tendência para criar e aceitar um modelo negativo das virtudes mais aceitas. Essa negação vai desde a aceitação das drogas até os movimentos de rebeldia dos grupos minoritários, sem deixar de lado os valores culturais ou as decisões políticas.

Propostas nesse nível de generalidade, as perguntas talvez não possam ser respondidas. O psicólogo, pelo menos, tem sempre a impressão de que só pode propor questões significativas se conseguir criar no laboratório um símile simplificado da situação, de forma que possa controlar as variáveis que atuam no comportamento. Se não há dúvida de que a rebeldia e o conformismo representam forças significativas na vida social, seria preciso ver como essas forças atuam no indivíduo, que reações provocam.

Na década de 1950, Solomon E. Asch conseguiu criar em laboratório uma situação que permite observar o conformismo ou a independência do indivíduo quando colocado diante da opinião unânime da maioria.

Em resumo, o experimento de Asch consiste em fazer que um indivíduo, considerado ingênuo, se veja diante de uma situação em que a opinião da maioria contraria os dados obtidos por seus sentidos. Para isso, a pessoa é levada para uma sala, depois de ouvir dizer que vai participar de um experimento de percepção.

No experimento, há uma linha padrão cujo comprimento deve ser comparado ao de três outras linhas, colocadas a seu lado. De um ponto de vista puramente perceptivo, a comparação não oferece dificuldade; as diferenças entre as linhas são tão nítidas que, se fizer a comparação em condições normais, a pessoa praticamente não cometerá erros.

A situação experimental aí introduz um elemento perturbador. Em algumas comparações, previamente combinadas entre o grupo e o experimentador, o grupo dá respostas erradas, isto é, diz que a linha igual à padrão é uma que, evidentemente, é maior ou menor do que aquela.

Obrigado a manifestar-se, o sujeito ingênuo (que, por sua posição, responde depois de oito ou nove pessoas do grupo) tem duas alternativas: afirmar publicamente o que vê ou dar uma opinião igual à da maioria.

O resultado – que parece ter sido surpreendente para Asch – é que, considerados vários sujeitos, havia 40% de erros nas respostas, isto é, em 40% das vezes as pessoas erravam acompanhando a maioria. O resultado é um pouco mais complexo do que sugere essa porcentagem, pois não se pode dizer que todos os sujeitos apresentem 40% de respostas erradas. Há os que permanecem independentes durante todo o experimento; há os que, desde o primeiro confronto, se submetem à pressão; há os que resistem inicialmente, mas depois passam a concordar com o grupo.

Mais interessantes ainda são as entrevistas posteriores ao experimento. Alguns sujeitos ingênuos se surpreendem quando ouvem uma descrição do que ocorreu. Na realidade não mentiram na situação experimental: efetivamente viram aquilo que o grupo dizia, isto é, sua percepção foi deformada pela opinião da maioria. Outros, ao contrário, embora vissem corretamente, não tinham coragem de manifestar sua opinião. Por fim, os totalmente independentes não têm dúvida do que ocorreu: embora raramente cheguem a dizer que o grupo estava errado, entendem que deviam dizer o que viam e obedecem a essa norma, ainda que o grupo diga algo que não conseguem ver.

Na realidade, o experimento é ainda mais complexo do que essa descrição sugere. Quando o grupo parece dar respostas automatizadas – como se não visse um problema na comparação –, o efeito é mais limitado. Se, no entanto, os participantes do grupo parecem interessados pela comparação e fingem dificuldade para chegar a uma conclusão, o efeito da opinião da maioria tende a aumentar. Tudo se passa como se, diante do grupo que parece enfrentar um problema real, o sujeito ingênuo acreditasse que sua dificuldade é real e a comparação difícil; se o grupo responde automaticamente, o efeito da pressão é menor, pois a tarefa não parece levada muito a sério.

Em 1971, repeti o experimento de Asch. Minha intenção inicial era isolar uma variável que não tinha sido considerada por ele: o prestígio do experimentador. Entendi que essa variável poderia interferir nos resultados, pois a presença de um experimentador mais velho – facilmente identificado como professor – poderia ser um dos elementos da pressão sentida pelo sujeito ingênuo. Em outras palavras, imaginei que, variando a idade e o prestígio acadêmico do experimentador, deveria haver variação na porcentagem de respostas erradas, isto é, respostas que acompanhavam a maioria e contrariavam os dados dos sentidos.

Para pôr à prova essa hipótese procurou-se uma repetição tanto quanto possível exata do experimento, utilizando-se as mesmas medidas de linhas e a mesma disposição dos sujeitos na sala, bem como número fundamentalmente igual ao utilizado por Asch em seus experimentos básicos (ver Asch, 1960, p.380ss.) A única diferença foi que, em seus experimentos, Asch utilizou universitários do sexo masculino, ao passo que, no experimento aqui relatado, foram utilizadas universitárias, colocadas em grupo misto. Essa diferença não foi intencional, mas resultou do fato de que, no curso de psicologia da Universidade de São Paulo, a maioria dos alunos é do sexo feminino, o que tornaria difícil a formação de grupos exclusivamente masculinos (para a constituição da maioria). Como no experimento de Asch, o sujeito ingênuo era levado por um colega para a sala onde se realizaria o experimento, a pretexto de colaborar em um trabalho experimental que estava sendo realizado.

Foram examinadas trinta moças. Dez delas tiveram, como experimentador, um professor aproximadamente vinte e poucos anos mais velho do que os componentes do grupo. Dez tiveram como experimentador um jovem apresentado como aluno de curso de pós-graduação que estava realizando um trabalho experimental. Outras dez tiveram como experimentador um aluno apresentado como primeiranista que realizava um trabalho a pedido do professor.

Os resultados indicaram diferenças entre esses três conjuntos de sujeitos ingênuos, mas tais diferenças não atingiram nível significativo, deixando, portanto, de confirmar a hipótese. Em outras palavras, as dez moças submetidas ao experimento realizado pelo professor mostraram menor submissão ao grupo, vindo a seguir as submetidas ao experimento realizado pelo aluno de pós-graduação, com conformismo um pouco maior, e, finalmente, as submetidas ao experimento com aluno apresentado como primeiranista, com submissão ainda maior. Como os resultados estão na direção certa, mas não atingem nível significativo, não é possível afirmar que tenham sido provocados pela variável experimental, podendo resultar de fatores casuais, não controlados no experimento.

Em busca de um modelo explicativo

A repetição do experimento e os dados obtidos nos levam a admitir que o *status* acadêmico do experimentador não é uma variável na situação experimental de Asch; ou, se quisermos ser mais precisos, talvez seja necessário um controle mais rigoroso para isolar o efeito de uma variável que parece interferir repetidamente nos resultados, mas não atinge o nível exigido de significância estatística.

A observação dos dados e a discussão do modelo explicativo empregado por Asch mostram que a situação é um pouco mais rica do que parece à primeira vista.

Em primeiro lugar, chama a atenção o fato de, considerando o conjunto de trinta sujeitos ingênuos, o experimento realizado em 1971 apresentar resultados muito próximos aos obtidos por Asch há mais de duas décadas – isto é, aproximadamente 40% de respostas erradas, acompanhando a maioria.

Em segundo lugar, chama também a atenção o fato de, no experimento aqui descrito, aparecerem os mesmos tipos de independência e conformismo descritos por Asch: há sujeitos que permanecem coerentemente independentes durante todo o experimento; outros se submetem apenas para não contrariar a maioria, embora vejam que o grupo apresenta uma opinião errada; outros, por fim, sofrem deformação perceptiva, de maneira que passam a ver aquilo que o grupo diz ser verdade. Note-se que, nas entrevistas, o experimentador pode facilmente identificar esses diferentes tipos de independência e conformismo.

Esses dois resultados experimentais é que desafiam o experimentador e exigem um ou vários modelos que nos permitem explicar o que ocorre na situação.

Na verdade, embora sem muito rigor, Asch tentou a utilização simultânea de dois modelos explicativos: um que se poderia denominar modelo do ambiente coletivo; outro, o das diferenças individuais. Quanto ao primeiro, Asch dizia, em artigo escrito em 1955:

> A vida na sociedade exige o consenso como condição indispensável. Mas, para ser produtivo, o consenso exige que cada indivíduo contribua de forma independente, a partir de sua experiência e de sua intuição. Quando o consenso aparece sob o domínio do conformismo, o processo social está poluído e, ao mesmo tempo, o indivíduo renuncia às capacidades de que depende sua atuação como um ser que pensa e sente. Verificamos uma tendência tão intensa para o conformismo em nossa sociedade, que o fato de jovens razoavelmente inteligentes e bem intencionados se disporem a dizer que o branco é preto é algo que deve causar preocupação. Desperta algumas perguntas quanto às nossas formas de educação e quanto aos valores que orientam nossa conduta. (Asch, 1973)

Essas afirmações de Asch coincidem, diga-se de passagem, com as análises de outros psicólogos sociais e sociólogos que, como foi sugerido antes, descreveram a sociedade norte-americana nos fins da década de 1940 e durante toda a década de 1950.

O modelo, mesmo considerado isoladamente, não é satisfatório, pois, embora submetidos aparentemente às mesmas pressões sociais para o conformismo, muitos jovens continuavam a apresentar julgamentos independentes e não se submetiam à pressão da maioria criada no experimento de Asch. Por essa razão, Asch tentou utilizar também um modelo de diferenças individuais, mas aparentemente não conseguiu estabelecer critérios ou correlações satisfatórios com outras variáveis de personalidade.

Os resultados obtidos em 1971 permitem reavaliar os modelos explicativos de Asch. Em primeiro lugar, o fato de, na amostra brasileira, estudada vinte anos depois dos experimentos de Asch, termos aproximadamente a mesma proporção de conformismo pode sugerir que a situação experimental crie um ambiente peculiar, fechado em si mesmo, alheio às condições históricas e sociais em que vivem os sujeitos. Se isso for verdade, esses resultados ganham uma universalidade não suposta por Asch, mas, ao mesmo tempo, perdem grande parte de seu valor explicativo. De fato, se os resultados aí obtidos não podem ser ligados a influências anteriores e externas sofridas pelos sujeitos, seu valor como explicação do comportamento humano parece muito reduzido. A única generalização por eles permitida seria dizer que a situação é peculiar e que seus resultados podem ser obtidos em qualquer condição histórica ou cultural, em proporção relativamente fixa. Em outras palavras, deveríamos esperar que, tanto em uma época revolucionária quanto em um período de grande conformismo social, seria encontrada a mesma proporção de independência e conformismo em jovens de aproximadamente vinte anos e matriculados em cursos universitários.

Uma segunda explicação para a coincidência de resultados apresenta um quadro mais amplo, embora não posto à prova e dificilmente verificável de forma experimental. Essa explicação nos levaria a dizer que, na década de 1950, nos Estados Unidos, e em 1971, no Brasil, os estudantes universitários apresentariam o mesmo índice de conformismo, verificável pela situação criada por Asch, e que essa semelhança de índices sugere a mesma constelação de forças sociais que atuam sobre a juventude. Essa afirmação não pode ser desmentida, mas também não pode ser confirmada; de qualquer modo, parece pouco plausível. Se são válidas as explicações para o conformismo da juventude norte-americana da década de 1950 – isto é, uma situação de grande prosperidade, aliada a grandes perspectivas profissionais (cf. Lazarsfeld e Thielen, 1958) – não parece que o mesmo tenha ocorrido com o estudante brasileiro de 1971. Embora seja possível falar em prosperidade econômica, parece difícil que o estudante brasileiro da década de 1970 veja seu futuro profissional com grande otimismo. As semelhanças e diferenças poderiam ser multiplicadas, mas, de qualquer modo, dificilmente encontraremos provas indiscutíveis e mensuráveis de semelhanças capazes de explicar os resultados.

O segundo modelo sugerido por Asch – o das diferenças individuais – foi até hoje pouco produtivo. Para avaliar essa situação do modelo, é suficiente pensar no que ocorre com o processo de hipnose. Embora seja conhecida há muito tempo, a relativa suscetibilidade à hipnose ainda não encontrou uma explicação satisfatória; mais ainda, não se encontraram sequer correlações significativas com outras variáveis de personalidade. Os exaustivos estudos de Hilgard, por exemplo, não conseguiram isolar essas outras variáveis, possivelmente correlacionadas com a suscetibilidade à hipnose (cf. Hilgard, 1967).

Uma forma de explicação, admitindo-se a relativa universalidade do processo de conformismo e independência, seria pensar no conformismo como variável interveniente, semelhante, de um ponto de vista lógico ou metodológico, à variável inteligência. Embora sofrendo influências ambientais, essa variável poderia ser analisada e estudada por si mesma, o que não impediria o estabelecimento de correlações com outras variáveis da vida social e do desenvolvimento individual e, possivelmente, sua mensuração e explicação.

Esse é talvez o modelo que melhor se ajusta à verificação da semelhança observada entre os experimentos de Asch e o aqui descrito. Seria possível ir ainda mais longe nessa especulação e imaginar a forma de distribuição dessa característica na população.

De qualquer modo, a coincidência dos resultados mostra, pelo menos, a insuficiência de um modelo social relativamente simples, isto é, que explique o conformismo observado na situação experimental de Asch por condições da vida social de determinado momento. O processo deve ter mais universalidade e os estudos dedicados ao conformismo-independência devem procurar estabelecer as condições em que se revela, bem como as possibilidades de sua mensuração. Se a juventude de hoje é mais independente do que a de duas décadas atrás, é algo que não podemos julgar pelo trabalho experimental aqui descrito; o que se pode dizer, com segurança, é que essa maior independência de julgamento, se acaso existe, não se revela na situação experimental criada por Asch e repetida vinte anos depois.

Finalmente, parece possível voltar à pergunta inicial e tentar compreender o que ocorre nas situações que provocam o conformismo ou permitem a independência. A situação criada por Asch é um caso-limite. Na realidade, o sujeito ingênuo dispõe dos elementos para permanecer independente, pois o que se exige dele – comparação entre as linhas – é algo que está diretamente a seu alcance verificar. Portanto, o efeito de conformismo que observamos não pode ocorrer em razão da dificuldade para discernir o que é certo do que é errado. De outro ponto de vista, a situação é também simples: não se trata de uma avaliação – caso em que seria possível admitir a existência de valores ou princípios diferentes. A pessoa sabe que está diante de um juízo de realidade, isto é, deve dizer o que é sem ter preocupação com o que deveria ou poderia ser. Além disso, não há possibilidade de castigo ou censura, a não ser pela desaprovação do grupo.

Por isso, é fácil supor que, se passamos para questões mais complexas, em que a informação possa não ser completa, ou a pessoa deva apresentar juízos de valor, a possibilidade de conformismo seja também maior. No entanto, essa inferência não parece muito adequada ou indiscutível. É possível imaginar que, por ser um caso puro, a situação de Asch é mais ameaçadora ou conflitiva para o sujeito ingênuo. Vale dizer, sua discordância com relação ao grupo não pode ser escamoteada nem justificada. Se se tratasse de uma questão de valor, por exemplo, poderia dizer que a discordância dependeria de valores diferentes; se estivesse ameaçado por castigo, poderia justificar-se por meio deste para conformar-se ou permanecer independente. Como nada disso ocorre, é obrigado a aceitar que é diferente, que não vê o que o grupo vê, e é essa situação que precisa ser enfrentada. Em outras palavras, embora o experimento não tenha essa intenção – o fato de observar um choque entre o que vê e o que os outros dizem –, é muito frequente que a pessoa seja levada a uma nova avaliação de si mesma.

De forma superficial, pode pôr em dúvida sua capacidade para ver (começa, no momento, a desconfiar que tem algum defeito nos olhos, que os óculos não estão certos); de modo mais profundo, o fato de ver com que facilidade se submeteu à pressão do grupo pode levá-la a uma reavaliação de sua capacidade de julgar ou ser independente.

Qualquer extrapolação desse trabalho experimental para a vida social deve levar em conta esses fatores, o que torna difícil uma avaliação adequada de seu alcance. Apesar disso, é quase inevitável a tentação de extrapolar e, com base no trabalho experimental, inferir a importância do conformismo para a vida social e o ajustamento do indivíduo. Em primeiro lugar, o conformismo é o caminho aparentemente mais fácil, pois evita o choque com a maioria. Depois, a elevada porcentagem de conformismo pode explicar por que a vida social pode apresentar normas contraditórias, senão absurdas, sem que a maioria chegue a manifestar-se a respeito. A simples aceitação parece uma garantia de sua correção, e isso impede a opinião contrária.

O trabalho experimental de Asch, em uma de suas variações, dá outro elemento para a compreensão do que ocorre com o conformismo. Se, de um lado, houver, no grupo, pelo menos uma pessoa que diga a verdade, isto é, que não acompanhe o grupo, as respostas erradas do sujeito ingênuo diminuem extraordinariamente. De outro lado, se, depois de ter um companheiro, o sujeito se vir abandonado, isto é, se o que dizia a verdade passar a acompanhar o grupo, o número de erros será muito maior do que se estivesse sozinho desde o início. Essa observação permite compreender a eficácia das confissões ou dos arrependimentos nos grupos minoritários, embora não explique o processo psicológico.

Ainda uma observação: apesar de não sabermos explicar por que alguns indivíduos permanecem independentes, o fato é que isso ocorre. A mesma situação que provocou o conformismo de alguns parece um desafio para outros. Isso talvez nos permita compreender que sempre haverá, apesar de todas as forças contrárias, os que serão capazes de perceber, como na história infantil, a nudez do rei.

Referências bibliográficas

ASCH, S. E. *Psicologia social*. Trad. Dante Moreira Leite e Miriam L. Moreira Leite. São Paulo: Companhia Editora Nacional, 1960. (edição original de 1952)

_____. Opiniões e pressão social. In: HARDIN, G. (Org.). *A ciência social num mundo em crise*. Trad. Dante Moreira Leite. São Paulo: Perspectiva/Edusp, 1973. (ed. orig. 1955)

FROMM, E. *Escape from freedom*. Nova York: Rinehardt, 1941.

HILGARD, E.; ATKINSON, R. C. *Introduction to psychology*. Nova York: Harcourt, 1967.

LAZARSFELD, P. F.; THIELENS, Jr. W. *The Academic Mind*: Social Scientists in a Time of Crisis. Glencoe: The Free Press, 1958.

RIESMAN, D. *The Lonely Crowd.* New Haven: Yale University Press, 1950.

7
Ensino de psicologia*

O ensino de Psicologia na Faculdade de Filosofia de Araraquara

Esta seção destina-se ao debate dos problemas ligados ao ensino de Psicologia. Evidentemente, tais problemas apresentam aspectos peculiares nos diferentes níveis, pois o ensino nas escolas normais pretende ajustar o futuro professor ao comportamento escolar das crianças, enquanto nos cursos de Psicologia pretende formar psicólogos em nível superior. Entre esses dois extremos, devemos lembrar o ensino Psicologia como parte do estudo de filosofia, no colégio ou nas Faculdades de Filosofia, assim como nos cursos de Pedagogia como auxiliar na formação didática do licenciado.

Essa diversidade quanto à extensão e quanto aos propósitos dos diferentes cursos exige, sem dúvida, métodos e programas diferentes, que devem ser discutidos pelos que se dedicam a essas

---

* *Jornal Brasileiro de Psicologia*. São Paulo. n.1 p.95-104, jan. 1964.

diversas tarefas. Por isso, o *Jornal Brasileiro de Psicologia* solicita a colaboração de professores de diferentes níveis de ensino, a fim de que esta seção possa tornar-se um campo de debate franco e produtivo. O depoimento do responsável pela seção, apresentado neste número, deve ser entendido como forma de despertar a discussão a respeito do ensino da Psicologia no Brasil; seu autor não tem, nem pretende chegar a ter algum dia, fórmulas definitivas para diferentes cursos, mas acredita que a troca de experiências dos professores poderá conduzir, não a uma indesejável padronização, mas a um aperfeiçoamento de métodos diferentes – tão diferentes quanto os professores que ensinam – pela crítica constante, e de uma constante vigilância quanto aos nossos acertos e erros.

As peculiaridades do ensino da Psicologia

Nas ciências humanas, enfrentamos uma situação contraditória: de um lado, nosso conhecimento sistematizado é relativamente reduzido e, com frequência, passível de interpretações antagônicas; de outro, temos um conhecimento extremamente rico, resultante de nossa experiência de vida. Ao referir-se a este problema, W. Köhler empregou uma imagem muito feliz, ao dizer que nossa vida diária sofreria uma transformação completa se fôssemos privados do conhecimento das ciências naturais, mas continuaria praticamente a mesma, se se perdesse todo o conhecimento obtido pelas ciências humanas. Isso se explica, segundo Köhler, pelo fato de as ciências naturais descobrirem fatos *novos*, isto é, inexistentes para a experiência diária, ao passo que as ciências humanas, a rigor, não podem descobrir fatos novos – pois todos os fatores dessas ciências fazem parte de nossa experiência –, mas apenas relações entre diferentes fenômenos.

Essas observações têm um alcance muito grande para o professor de Psicologia, assim como para todos os psicólogos, sociólogos e antropólogos. Na verdade, grande parte do suposto conhecimento dessas ciências não é mais que inovação de vocabulário e, embora isso possa ferir nossa vaidade, é preciso reconhecer que quase todo o conhecimento nas ciências humanas só é "difícil" por ser apresentado por palavras pouco usuais na vida diária, e em alguns casos, por termos "inventados" por psicólogos, sociólogos e antropólogos. Quando o psicólogo fala em "necessidade de afiliação", quando o sociólogo fala em "anomia" estão, provavelmente, tentando uma descrição mais precisa de determinados fenômenos, mas estes são perfeitamente conhecidos pelo leitor ou pelo aluno. Todavia, se essa tentativa de maior precisão – quando não se transforma em pedantismo puro e simples, destinado a convencer ingênuos – tem lugar na ciência, pode ter consequências negativas no ensino. Em primeiro lugar, o aluno pode esquecer sua experiência, sob certos aspectos muito rica e muito ampla, e ficar reduzido a esse conhecimento vocabular, empregado de forma estereotipada e automatizada. No caso extremo, que infelizmente não se limita a jovens alunos, mas pode ser observado, igualmente, em psicólogos e sociólogos profissionais, o estudante acaba por tentar reduzir toda a riqueza do comportamento a fórmulas superficiais. Se a ciência precisa simplificar para entender e explicar, não se pode esquecer tudo o que, em determinado momento de sua sistematização, está sendo provisoriamente abandonado. Em segundo lugar, a aprendizagem de algumas fórmulas pode dar a ilusão de que o conjunto de aquisições intelectuais, da filosofia, da literatura, da história, pode ser esquecido ou talvez explicado de maneira simples, para não dizer simplória.

Portanto, a primeira preocupação do professor de psicologia deve ser a de ligar as teorias e observações científicas à experiência imediata do aluno, assim como às aquisições intelectuais não científicas. Isso nem sempre é fácil e, certamente, em alguns casos se torna impossível; de qualquer forma, é um objetivo que não pode ser esquecido, pois o teste final de qualquer teoria será sempre o bom senso. Em segundo lugar, o professor precisa estar atento para as situações realmente problemáticas, em determinado momento da ciência, a fim de que consiga provocar trabalho nessa direção. Se o ensino de falsas soluções é prejudicial, o prejuízo é ainda maior quando ensinamos problemas falsos, isto é, quando o aluno é levado a perder tempo e energia com problemas ou questões que simplesmente não existem ou não estão no âmbito do conhecimento científico. Um exemplo disso, atualmente, seria a preocupação com a relativa importância da hereditariedade e ambiente – quando a conclusão, monotonamente repetida, consiste em dizer que ambos "influem".

Outro aspecto bem geral, que merece ser mencionado, refere-se à situação atual da teoria psicológica. A Psicologia não conta, ainda, com um sistema bem estabelecido e rigoroso, pelo qual possam ser interpretados os dados de observações ou de experimentos. Existem, é certo, sistemas de Psicologia – como a Psicanálise, o Comportamentismo, a Gestalt, a Topologia – mas todos sabem que essas teorias não se referem a alguns de seus aspectos. Enquanto a Psicanálise apresenta, até certo ponto, uma teoria da vida emocional e afetiva, o Comportamentismo só obteve êxito real na explicação de algumas formas de aprendizagem, e a Gestalt e a Topologia, apesar de ampliadas para outros domínios, continuam presas a situações de percepção ou a aspectos *intelectuais* ou *inteligentes* do comportamento e da experiência. Embora essa afirmação seja, como todas as generalizações, um pouco falsa e imprecisa, ainda hoje é verdadeira; a rigor, a Psicanálise não tem uma teoria da aprendizagem ou da percepção, enquanto a Gestalt não tem recursos para explicar grande parte da vida emocional, e o Comportamentismo não explica a percepção ou a personalidade. Mais importante ainda, não se sabe como, dentro dos princípios de cada um dos sistemas, seria possível efetuar essa transposição para domínios estranhos às investigações ou hipóteses das teorias originais.

Se, do ponto de vista estritamente teórico, essa situação pode ser entendida como etapa do desenvolvimento científico, tal compreensão não elimina os problemas peculiares do ensino. Neste caso, essa situação conduz, em uma primeira etapa, a generalizações imprecisas, tendentes a abranger todo o campo da Psicologia e, em um segundo momento, a especializações onde se perde qualquer possibilidade de generalização. Depois dos cursos gerais, que procuram dar uma visão de todos os domínios da Psicologia atual, o aluno passa, no nível do preparo profissional, a escolher entre uma orientação clínica, fundamentalmente baseada na Psicanálise, ou experimental, onde provavelmente aceita os esquemas comportamentais, ou ainda de aplicação de testes, com a utilização de critérios estatísticos.

Até certo ponto, o professor não tem outros recursos para seu ensino, pois não podemos tornar coerentes os conhecimentos que foram obtidos com métodos e objetivos diferentes. Existe, naturalmente, a alternativa de preparar apenas experimentadores, ou clínicos, ou especialistas em testes, mas isso equivale a dar uma formação viesada, em que se escamoteiam algumas questões básicas para a investigação psicológica. Outra alternativa, simetricamente oposta, consiste em manter, nos cursos de especialização profissional, o mesmo nível de ecletismo difuso dos cursos de introdução. Se, no primeiro caso, ignoramos as proposições antagônicas, não respondidas por determinada teoria ou pelo seu método, no segundo ignoramos, ou fingimos ignorar, as contradições existentes em teorias inconciliáveis. Não é difícil exemplificar as duas tendências. Se admitimos a teoria comportamentista da aprendizagem, e realizamos investigações por seu método, não podemos encontrar recursos para responder às teorias opostas, que admitem a possibilidade de compreensão durante o processo de solução de problemas. Na alternativa oposta, seremos levados a conciliar as teorias, e a aceitar, como coerentes, as duas versões, sem salientar as divergências que as separam. Embora se possa dizer que, futuramente, deverá aparecer uma teoria mais ampla, capaz de explicar a ocorrência dos vários tipos de aprendizagem, nosso ecletismo atual está bem longe de ser essa ampliação teórica.

Para o professor, resta saber qual a orientação mais positiva para os diferentes níveis de ensino. Parece inútil e prejudicial acentuar, nos cursos iniciais, as oposições teóricas, muitas das quais são ininteligíveis para o principiante. No caso extremo, essa orientação conduziria a um ceticismo gratuito e improdutivo, quando não a um simples jogo verbal, mais ou menos brilhante e inteligente. De outro lado, parece inútil ignorar as divergências, pois, como se disse antes, isso equivale a eliminar questões básicas para qualquer progresso científico.

Essa dificuldade não é insolúvel, mas será necessário pensar diferentes alternativas para os vários níveis de ensino. Nesta nota, só se fará referência ao ensino em cursos superiores, mesmo porque destes dependem, quase diretamente, as possibilidades do ensino nos cursos secundários.

O ensino de Psicologia no curso de Pedagogia

Embora o currículo mínimo federal fale apenas em Psicologia da Educação, e não em Psicologia, parece evidente que esse título deve ser entendido como objetivo geral do curso, e não como obrigatoriedade de *especialização* nesse ramo da Psicologia, desde o primeiro ano. Se esse entendimento é correto, é possível tentar examinar quais os cursos mais adequados para o aluno de Pedagogia. Embora o autor prefira fazer dois cursos anuais e paralelos – por exemplo, da Psicologia Social e Psicologia da Personalidade – as outras combinações são evidentemente tão legítimas quanto essa, e é possível pensar em dois cursos anuais, divididos, em semestres, ou em apenas um curso mais minucioso durante o ano todo, o que equivaleria a diminuir a amplitude de conhecimento, em benefício de maior profundidade. Outra preferência do autor refere-se ao uso de manuais para cada curso, isto é, um livro de texto que os alunos devem *saber* e pelo qual são examinados. Como essa preferência – ou esse sistema – não parece muito usual entre os professores brasileiros, embora seja a regra em vários países, merece talvez uma pequena explicação. Um dos grandes males de nosso ensino é a ausência do livro como material escolar; *desde* o curso primário, o aluno habitua-se a um caderno de *pontos,* mais tarde substituído pelas *apostilas,* isto é, por cadernos mimeografados. Em um caso ou em outro, estamos diante, quase sempre, de improvisações, cujo único mérito é não exigir o que "não cai" nos exames, mas cujos defeitos superam largamente essa vantagem aparente. A esses *pontos* faltam algumas das características indispensáveis para a vida intelectual autêntica: o equilíbrio, a coerência, a amplitude de visão, a apresentação de argumentos contrários, a redação bem cuidada, e assim por diante. Sobretudo, os "pontos" de aulas não exigem trabalho intelectual do aluno, pois toda linguagem falada é simplificada e mais pobre que a linguagem escrita. Além disso, ainda que o professor dê muitas aulas e não pare de "dar matéria", dificilmente conseguirá atingir o nível de amplitude de um bom livro, mesmo que consideremos a possibilidade de atravessar um ano letivo sem greves ou feriados extraordinários. Finalmente, se o professor não indica um manual, mas espera a leitura de vários livros ou diferentes capítulos de muitos livros, os alunos acabam por estabelecer uma cooperativa de leitores, com divisão de trabalho; ainda que isso não aconteça, é quase inevitável que adquiram o vício de ler trechos de livros, frequentemente sem compreensão adequada, pois abandonam o conjunto.

    Sejam ou não justas essas observações, não será demais indicar, ao lado de cada curso, o manual ou livro utilizado, pois isso permite ao leitor ter uma ideia da natureza do ensino.

    1. *Curso Geral de Introdução*: feito de *Elements of Psychology,* de Krech e Crutchfield (tradução brasileira da Editora Pioneira,

programada para 1963). Desse manual, não são exigidos os capítulos de Fisiologia e de Estatística; os primeiros devem ser estudados na cadeira de Biologia Educacional, e o último no curso de Estatística.

2. *Teoria Contemporânea*. Este curso apresenta Psicanálise, Gestalt, Comportamentismo, Fenomenologia e Existencialismo. A rigor, não existe um manual suficientemente completo e acessível. Em português, o melhor livro é, talvez, o de Foulquié (*Psicologia contemporânea*, tradução brasileira para a Companhia Editora Nacional). Neste manual, a melhor parte é, certamente, a referente à Fenomenologia e ao Existencialismo, pois as outras são muito incompletas, e o professor precisa não só corrigir algumas interpretações demasiadamente parciais, mas também acrescentar informações sobre desenvolvimentos mais recentes. Se os alunos têm facilidade para ler inglês com aproveitamento, é possível, utilizar o livro de Boring (*A History of Experimental Psychology*), embora também não seja fácil, e esteja longe de estar "atualizado". A insistência na atualização não deve ser entendida como interesse pela última moda (afinal de contas, os livros de Freud, do começo do século, são ainda muito atuais), mas como necessidade de apresentar aos alunos alguns problemas com que possam trabalhar produtivamente. No caso de Lewin, por exemplo, não parece conveniente a insistência na aprendizagem de sua formalização da Psicologia, pois esta não se revelou produtiva; todavia, algumas ideias centrais de Lewin permitiram vários desenvolvimentos importantes na ciência, e o aluno deve conhecer o destino de tais ideias. Em resumo, o curso de teorias contemporâneas, neste caso, não deve ser pensado como fonte de erudição, mas sim como estímulo para refletir sobre problemas científicos.

3. *Psicologia da Personalidade*. Entre os manuais existentes, o melhor é, talvez, o de Gordon Allport (atualmente em segunda edição, com o título *Pattern and Growth in Personality*): o de Gardner Murphy (*Personality*, 1947) é também excelente livro, embora

literariamente um pouco mais elevado, sobretudo por causa da linguagem literariamente cuidada e da erudição do autor. Como esses livros não estão traduzidos, e os alunos não leem inglês correntemente, o curso tem sido realizado com textos traduzidos e organizados em conjunto aparentemente harmonioso.

4. *Psicologia social*. O curso tem sido apresentado por Solomon Asch (*Psicologia social*, tradução brasileira da Companhia Editora Nacional); a grande vantagem deste livro é apresentar um ponto de vista coerente – o da Gestalt – e delimitar, com relativo rigor, o domínio da Psicologia Social. Outra vantagem é ser um livro de reflexão e polêmica, em que a opinião contrária é analisada e discutida. No entanto, parece um livro relativamente difícil para os alunos principalmente porque os jovens de vinte anos desconhecem os acontecimentos históricos que provocaram algumas das mais belas análises de Asch. Isso não chega a ser desvantagem ou defeito, se temos o cuidado de esclarecer aspectos desconhecidos pelos alunos; de qualquer forma, é característica a ser lembrada, a fim de não provocar desânimo ou desinteresse. Em português, pode ser utilizado também o livro de Klineberg (*Psicologia social*, tradução brasileira do Fundo de Cultura). Ao contrário do livro de Asch, é livro sem perspectiva teórica e extremamente fácil; em certo nível de alunos, pode ser o mais indicado principalmente porque apresenta grande número de pesquisas capazes de interessar um público maior. Se os alunos tiverem facilidade para ler inglês, um livro muito bom seria o *Individual in Society*, de Krech e Crutchfield. A vantagem deste último pode ser ligada, sobretudo, ao grande número de pesquisas resumidas e simplificadas pelos autores, além da apresentação de problemas que, agora, estão sendo pesquisados.

5. *Psicologia do Desenvolvimento*. Embora devam ser apresentadas todas as fases da vida humana, a mais importante é, sem dúvida, a infância. O currículo mínimo federal fala em Psicologia da Adolescência, mas o aluno de Pedagogia tem o adolescente como etapa intermediária de seu trabalho, pois os normalistas

irão lidar com crianças, e estas devem constituir o centro de interesse do curso. Portanto, será necessário equilibrar o estudo da infância e da adolescência. Para este último campo, existe, em português, o livro de Jersild, que está muito longe de ser satisfatório, embora seja dos melhores existentes sobre o tema. Isso parece consequência da própria natureza do estudo psicológico da adolescência, pois, em grande parte, resulta de um equívoco: a consideração do adolescente como um ser à parte, submetido a leis especiais de comportamento. Na realidade, a adolescência pode ser uma fase decisiva, mas muitos de seus problemas resultam de situações infantis ou de conflitos mais amplos, ainda não solucionados pela sociedade ou pela escola. Por outro lado, como se tem salientado algumas vezes, não dispomos de alguns dados que seriam necessários para uma análise da influência da adolescência na vida madura. Sem tais dados, o professor pouco pode fazer e, no caso aqui considerado, ensinar a respeito de adolescentes. Uma dificuldade final, não menos importante, refere-se ao problema de dar, aos adolescentes, uma compreensão a respeito da fase de vida que atravessam. Como não têm experiência da vida adulta, não podem avaliar as possíveis diferenças entre maturidades e adolescência; disso resultam vários equívocos e, quase sempre, uma irritante superficialidade na análise da questão. Em resumo, o curso de Psicologia da Adolescência merece ênfase bem menor do que a até agora recebida nos cursos de Pedagogia.

No caso do Brasil, o oposto deve ser dito a respeito da Psicologia da Criança. Segundo se pode saber, a acentuação da adolescência foi acompanhada por relativo descuido quanto à infância. Essa situação é ainda mais artificial, se pensamos que uma parte ainda bem pequena de nossa população – isto é, apenas a classe média e a alta – tem adolescência real, com as características psicológicas observadas em adolescentes do mundo contemporâneo. Por outro lado, embora não tenhamos critérios para uma verificação rigorosa das hipóteses, a infância parece constituir um período decisivo de formação. Isso não é verdade apenas do ponto de vista emocional, mas também para a vida escolar. Tudo sugere, portanto, que no estudo da Psicologia do Desenvolvimento a infância deve ser a fase mais acentuada.

Uma dificuldade muito grande para esse estudo resulta da dispersão de foco de interesse na pesquisa e na teoria. O livro empregado no curso tem sido o de A. Baldwin (*Behavior and Development in Childhood*, 1955); no entanto, além de não estar traduzido, o livro é demasiadamente *teórico* para as finalidades do curso de Pedagogia. Se isso não chega a ser uma deficiência, pode provocar algumas dificuldades para o professor. As soluções alternativas consistem em utilizar alguns capítulos do livro de Carmichael (*Manual of Child Psychology*, 1954), ou, talvez, os livros de Gesell sobre as várias etapas do desenvolvimento da criança. Todavia, os livros de Gesell não podem ser estudados isoladamente, pois abandonam os problemas da consequência dos episódios infantis.

6. *Psicologia das Disciplinas Escolares*. Este curso tem sido dirigido para quatro aspectos: literatura infantil, arte, ciência e aritmética. Evidentemente, seria impossível realizar cursos de todas essas disciplinas, mas parece necessário dar as linhas gerais de trabalho, se pretendemos que os alunos de pedagogia possam, efetivamente, empreender uma transformação nos métodos tradicionais de ensino da escola primária brasileira. Até certo ponto, não seria exagero dizer que grande parte do ensaio de Psicologia, no curso de Pedagogia, devia ter como objetivo preparar o aluno para o estudo das disciplinas escolares; na realidade, devemos esperar muito menos, pois a Psicologia acadêmica está longe de apresentar, com razoável segurança, os princípios que devem presidir ao ensino e à aprendizagem na escola. Quase sempre, devemos ficar em generalidades inteiramente insatisfatórias.

O trabalho mais fácil, neste curso, é o relacionado ao ensino de Aritmética, pois o livro de C. Stern (*Children Discover*

Arithmetics) é coerente e parece satisfatório, tanto do ponto de vista teórico quanto prático. Até agora, o curso foi apresentado apenas teoricamente, por dificuldades materiais, mas em 1963 há possibilidades de realizar o curso completo, com a colaboração da cadeira de Complementos de Matemática.

Quanto ao estudo da arte, o livro mais indicado é, sem dúvida, o de Herbert Read (*Education through Art*), que está traduzido para o espanhol e não apresenta muitas dificuldades. Embora o livro de Read não seja escrito por psicólogo, apresenta uma excelente fundamentação psicológica, o que parece torná-lo adequado para os alunos.

O ensino de ciências tem recebido muita atenção, principalmente nos últimos anos, e existe muito material disponível, embora sua fundamentação teórica não seja clara. Para alguns professores mais rigorosos quanto ao padrão de trabalho científico, essa falta de fundamentação teórica pode parecer uma deficiência muito grave; no entanto, a nossa escolha se dá entre essa alternativa e a de ignorar o problema. Se quisermos ser muito estritos, seremos obrigados a dizer que ainda não conhecemos todas as variáveis responsáveis pela aprendizagem de ciência ou das outras disciplinas escolares, pois as teorias da aprendizagem não conseguiram, até hoje, ampliar-se para esse nível de aprendizagem complexa. No estágio atual, parece preferível dar um curso amplo, embora pouco rigoroso, a dar um curso de grande rigor teórico mas de pouca ou nenhuma aplicação à sala de aula.

Os três estudos anteriores – aritmética, ciência e arte – são apresentados, em linhas bem gerais, pois a concentração do curso tem sido quanto ao estudo da literatura infantil. A única razão para isso está no fato de o professor trabalhar no assunto e ter mais informação a respeito. A bibliografia sobre literatura infantil, como se sabe, é imensa, mas existem poucos dados referentes à aplicação de Psicologia moderna a esse domínio.

7. *Relações Interpessoais*. A intenção deste curso é apresentar a aplicação dos estudos de relações interpessoais à situação de sala

de aula, sobretudo à compreensão da interação professor-aluno. O ponto de partida do curso é o livro de F. Heider, *The Psychology of interpersonal relations*, de 1958. Neste curso são apresentadas também algumas noções de dinâmica de grupos.

Como comentário final, seria necessário fazer algumas observações. Sob certos aspectos, os cursos aqui delineados podem parecer um pouco ambiciosos; na realidade, talvez ocorra exatamente o contrário. A intenção fundamental dos cursos delineados é dar uma visão mais ou menos ampla da Psicologia contemporânea – embora correndo o risco de uma tal ou qual superficialidade – e, logo depois, tentar sua aplicação ao ensino e à escola. A dificuldade do empreendimento reside no fato de grande parte dos conhecimentos psicológicos não estar voltada para a imensa complexidade da atividade escolar, e isso explica certa distância entre o programa e o que efetivamente se pode esperar como resultado concreto. Além disso, os cursos são ainda modestos por outra característica que deve ter ficado bem clara: o único curso original é o referente à literatura infantil; todos os outros estão diretamente ligados a um manual que os alunos devem estudar. Uma observação final, que já deve ter ocorrido ao leitor, refere-se à ausência de cursos dedicados a testes. Isso é feito intencionalmente, pois parece prematura uma aplicação de instrumentos ainda não padronizados no Brasil, e cujos resultados podem ser mais equívocos que uma avaliação ingênua das dificuldades dos alunos. O ideal será, evidentemente, conseguir a organização de testes adequados à criança brasileira, mas essa tarefa não pode caber a alunos de cursos de graduação em Pedagogia.

Referências bibliográficas

Curso geral de introdução
KRECH, D.; CRUTCHFIELD, R. S. *Elements of Psychology*. Nova York: Knopf, 1958.

Teoria Contemporânea

BORING, E. G. *A History of Experimental Psychology*. 2ed. Nova York: Appleton Century – Crofts, 1950.

FOULQUIÉ, P.; DELEDALLE, G. *Psicologia Contemporânea*. São Paulo: Nacional, 1960.

Psicologia da Personalidade

ALLPORT, G. *Pattern and Growth in Personality*. Nova York, Rinehart & Winston, 1961.

MURPHY, G. *Personality:* a Biosocial Approach to Origins and Structure. Nova York: Harper & Brothers, 1947.

Psicologia social

ASCH, S. E. *Psicologia Social*. São Paulo: Nacional, 1960, 2v.

KLINEBERG, O. et al. *A Psicologia Moderna*. São Paulo: Agir, 1953.

KRECH, D.; CRUTCHFIELD, R. S.; BALLACHEY, E. *Individual in Society:* a Textbook of Social Psychology. Nova York: McGraw-Hill, 1962.

Psicologia do desenvolvimento

BALDWIN, A. L. *Behavior and Development in Childhood*. 3ed. Nova York: The Dryden Press, 1955.

CARMICHAEL, L. (ed.) *Manual of Child Psychology*. Nova York: John Wiley & Sons, 1954.

GESSELL, A.; ILG, F. L. *The Child from Five to Ten*. Nova York: Harper & Brothers, 1946.

_____. *Infant and Child in the Culture of Today*. Nova York: Harper & Brothers, 1943.

JERSILD, A. J. *The Psychology of Adolescence*. Nova York: MacMillan, 1957.

Psicologia das disciplinas escolares
READ, H. *Education through Art*. Londres: The Shenval Press, 1958.

STERN, C. *Children Discover Arithmetic:* an Introduction to Structural Arithmetic Londres: Harrap & Co., 1955.

Relações interpessoais
HEIDER, F. *The Psychology of Interpersonal Relations*. Nova York: John Wiley & Sons, 1958.

História da psicologia contemporânea

Parte 1: Freud e as teorias dinâmicas

1
O ambiente histórico e cultural
(1848-1960)

Vida social e vida intelectual

É certamente possível escrever a história de um movimento intelectual sem fazer referência às condições históricas e sociais em que surgiu e se desenvolveu. Nesse caso, atribui-se à vida intelectual uma dinâmica imanente; as descobertas e conquistas científicas são explicadas em função de alguns gênios criadores, e, às vezes, de uns poucos cientistas menores ou secundários. Em grande parte, é assim que, implicitamente, se escreve a história das ciências naturais e da matemática. Essa história é compreendida como sequência mais ou menos ininterrupta de ampliação do conhecimento: o cientista anterior só adquire sentido por ter proposto alguns problemas, por ter encontrado algumas soluções úteis para o progresso da ciência.

Embora superficialmente satisfatória, essa forma de entender a história das ciências logo revela as suas deficiências. Em primeiro lugar, não permite compreender porque algumas épocas e alguns grupos sociais dão maior ou menor importância ao trabalho científico; nem permite compreender que, sob certas condições, o cientista possa ser perseguido ou obrigado a renunciar às suas ideias. Em segundo lugar, não permite compreender a relação, sutil e ainda mal explicada, entre a vida econômica de um período e as teorias científicas que aí se desenvolvem. Nos casos de conflitos, mais facilmente podemos verificar essa inter-relação de vida social e conhecimento científico. Como exemplo de conflito, podemos lembrar a vida e a obra de Galileu (1564-1642). Todos sabem que, por ter aceito as teorias astronômicas de Copérnico (condenadas pela Igreja em 1516) Galileu foi processado e precisou retratar-se publicamente. As razões para sua condenação não são muito claras. Frequentemente se diz que a teoria heliocêntrica – segundo a qual o sol seria o centro do sistema – contrariava a Bíblia, escrita com a suposição de um sistema geocêntrico. Segundo outros, essa não seria a razão, pois o sistema ptolomaico, aceito oficialmente, também contradizia a Bíblia. Para esses autores, a oposição decorria de outro motivo: como a Igreja tinha conseguido integrar o sistema aristotélico como uma filosofia una – que abrangia tanto a cosmologia quanto a ética – as teorias de Galileu representavam uma ameaça a essa concepção geral do universo e do homem. De qualquer modo, o exemplo é significativo por mostrar que as descobertas e as teorias científicas nem sempre são recebidas como contribuição positiva à vida social.

De outro lado, o desenvolvimento das teorias de Galileu mostra também o outro aspecto a que antes se fez referência, isto é, a relação entre a vida econômica e social de um período e a teoria científica que aí se desenvolve. Se acompanhamos a análise do pensamento de Galileu, apresentada por Rodolfo Mondolfo, vemos surgir um aspecto dessa relação entre a vida econômica e social, de um lado, e a investigação científica, de outro. Depois de mostrar que a ciência grega não avançara porque não se considerava o trabalho manual como digno de espíritos livres, diz Mondolfo:

Tudo que se referia à técnica era considerado como pertencente ao trabalho manual, contrário à dignidade e à liberdade do espírito; entre a inteligência e a mão só se admitia (como se verifica na polêmica de Aristóteles contra Anaxágoras, que tinha explicado a sabedoria humana através da posse da mão), uma relação de ordem e execução. Portanto, para reconhecer o papel da técnica na ciência, era preciso superar o menosprezo do trabalho manual e chegar ao reconhecimento da reciprocidade de ação entre mão e inteligência.

Esta dupla condição se apresenta justamente no Renascimento, graças – segundo Dilthey já observou – a novas exigências da vida civil, que determinam um novo e intenso desenvolvimento do trabalho industrial, e (acrescentamos) uma nova valorização deste último, que se traduz na reivindicação e exaltação do trabalho manual como dever do homem e fundamento de seus direitos (...) Mondolfo, 1947, p.107)

Somente por esta mudança do ponto de vista pôde o experimento – com todo o conjunto de instrumentos e artifícios técnicos de que precisa – adquirir sua plenitude de direitos na ciência moderna, convertendo-se em meio de descoberta e demonstração das leis naturais. Este, portanto, foi o mérito de Galileu (...) (Ibidem, p.108)

Já se disse, muitas vezes, que o fato de os gregos terem uma sociedade escravocrata era o fundamento dessa nítida distinção entre o trabalho manual e a atividade intelectual. No Renascimento, com o desaparecimento desse preconceito, era possível valorizar o trabalho experimental e provocar uma verdadeira revolução científica, cujos efeitos sentimos até hoje. De qualquer forma, o exemplo de Galileu nos mostra que é ilusória a total independência entre a vida econômica e social e vida intelectual.

Nem se pense, de outro lado, que essa interferência seja uma coisa do passado, ou de períodos de pequeno desenvolvimento científico. É suficiente observar a relativa valorização de ciência pura e ciência aplicada para concluir que o cientista não independe da vida social e econômica. Como as pesquisas atuais quase sempre exigem consideráveis recursos financeiros, as possibilidades de progresso científico dependem de decisões tomadas, não pelos cientistas, mas por legisladores e burocratas que decidem a partir de suposições e necessidades extra científicas. Isso explica, frequentemente, a maior importância dada à ciência aplicada – cujos resultados são mais facilmente demonstráveis – do que à ciência pura, embora esta seja indispensável para aquela.

Mas não é só a influência econômica que interfere no trabalho científico. No mundo contemporâneo, as utilizações científicas têm um alcance tão grande, que o cientista enfrenta problemas éticos que seriam impensáveis há algumas décadas: até que ponto tem o direito de criar instrumentos de destruição, se não pode controlar aqueles que terão a possibilidade de utilizá-los? Esses debates, bem como as perseguições políticas sofridas por alguns cientistas contemporâneos, mostram que a utilização da ciência natural nem sempre representa um bem para a humanidade, e que os cientistas ainda hoje sofrem a interferência de grupos econômicos e políticos.

De outro lado, as aplicações da ciência e, sobretudo, da técnica, de há muito apresentam problemas e desafios para a vida social. Quando se cria um novo instrumento, um novo processo de fabricação ou novo meio de transporte, essas invenções inevitavelmente provocam a necessidade de ajustamentos de vários grupos sociais e, frequentemente, desemprego e revolta. Um exemplo já antigo desse processo pode ser encontrado na invenção dos teares mecânicos, no século XVIII; em nossos dias, o processo se repete com os vários processos de automatização na indústria e no comércio.

Além dessa interferência direta, a utilização da ciência tem um efeito menos aparente, embora talvez ainda mais significativo, pelo menos do ponto de vista psicológico. O desenvolvimento da medicina, por exemplo, interfere em vastos domínios da vida humana. A explicação natural para a doença elimina a interpretação sobrenatural e, com o passar do tempo, tende a suprimir todas as formas mágicas de tratamento. E sua influência indireta é ainda mais significativa, pois tende a afastar uma longa tradição de confiança nos mais velhos, de aceitação de formas tradicionais de educação e cuidado com as crianças. Até que ponto esse desprestígio das gerações mais velhas passa depois para as outras esferas da vida social é uma questão a que ainda não podemos responder. Também não podemos afirmar com segurança, embora alguns psicólogos o façam (Buytendijk, 1958, p.35-42) que a eliminação ou a redução da dor física tenham tido grande influência em nosso comportamento. O exemplo é aqui lembrado para sugerir a grande amplitude de influência da aplicação de um domínio restrito do conhecimento científico.

Se esses problemas aparecem nos domínios da ciência natural, é fácil compreender que sejam ainda mais significativos e importantes no caso das ciências humanas. Pode-se pensar que a natureza que o homem procura compreender é sempre a mesma, enquanto que o próprio homem é mutável, pois tem uma história – e Ortega y Gasset, numa frase de efeito, diria que "o homem não tem natureza, tem história". No entanto, essa suposição não é totalmente correta. A percepção da natureza depende, pelo menos em parte, dos interesses e dos recursos do observador. A mesma paisagem pode ser vista, por um pintor, como um conjunto de formas e cores; por um agrônomo, como série de indicações do tipo de terreno e da possibilidade de produção; por um militar, como pontos de referência para ataque e defesa. Em nível mais complexo, a existência de instrumentos de observação e recursos de cálculo pode modificar não só a interpretação, mas também a percepção que temos dos astros, do mar, dos metais e das plantas. Além disso, imaginar o homem como ser à parte da natureza significa esquecer que, apesar de variações sociais e psicológicas, o organismo humano sofreu poucas transformações no período histórico, e, apesar de todas as diferenças raciais, apresenta variações relativamente pequenas na sua constituição física.

Apesar disso, a ideia de que o homem não é apenas natureza é indiscutivelmente correta. Se consideramos um período relativamente pequeno da história – digamos, de duzentos anos –, as transformações da natureza foram relativamente pequenas, e quase todas introduzidas pelo homem. Antes da Revolução Francesa, o sol, a lua, as estações, os movimentos da terra eram exatamente o que são hoje. Mas os homens eram muito diferentes: não conheciam o avião, nem o rádio, nem a televisão, nem os antibióticos, nem as armas atômicas; tinham economia quase que exclusivamente agrícola, não trabalhavam em grandes fábricas. Se avançarmos um pouco mais, e tentarmos analisar aspectos mais sutis da vida social e política, veremos que essas diferenças são também notáveis, pois referem-se à vida da família, às formas de educação, à escolha dos governantes, à distribuição da riqueza, e assim por diante.

Em outras palavras, o objeto das ciências humanas é historicamente variável – isto é, se houvesse uma psicologia e uma sociologia gregas, estudariam um homem e uma sociedade que, sob vários aspectos, seriam diferentes dos que hoje estudamos. E podemos fazer uma pergunta ainda mais audaciosa: seria possível a existência das ciências humanas em uma sociedade que não tivesse as características da nossa? Diga-se logo que não é fácil responder a essa pergunta. Aparentemente, as ciências humanas dependem do reconhecimento e da aceitação de diferenças entre seres humanos. Enquanto pensamos que só existe uma forma verdadeiramente humana de viver, é impensável a suposição de um estudo científico. Se não aceitamos a ideia de aperfeiçoar a sociedade e modificar o homem, não tem sentido procurar uma forma de empreender essa modificação. Não é suficiente dizer que as ciências humanas aparecem em momentos de crise, quando os homens procuram uma solução para seus problemas. A ciência é apenas uma, dentre muitas formas de procurar uma solução para problemas humanos. Quando se aceita uma explicação sobrenatural para as crises humanas, a forma de resolvê-las consiste em aplacar a ira dos deuses, conseguir o seu perdão. Em outros casos, as crises são enfrentadas por movimentos messiânicos, quando o grupo se entrega à liderança de um homem que promete solução definitiva para todas as dificuldades e o início de um período de paz e de abundância. Portanto, além de uma situação de crise, capaz de despertar a necessidade de transformações, é também necessária a existência de recursos intelectuais, capazes de propor uma perspectiva racional para a análise e a solução dos problemas.

Um exemplo brasileiro permitirá compreender essas afirmações. Quando, nos fins do século XIX, no interior da Bahia surge o movimento religioso de Antônio Conselheiro, parece evidente que seus seguidores viviam uma situação de crise, provocada pelo desajustamento às novas condições de vida. Era um movimento tipicamente messiânico, em que os adeptos esperavam uma solução sobrenatural e definitiva para seus problemas. A reação governamental, que consistiu em empregar as tropas do exército para destruir o movimento, se não era combate religioso, também não era uma tentativa de solução ou compreensão racional do processo. É em *Os sertões*, de Euclides da Cunha, que encontramos uma tentativa de análise racional do movimento de Antônio Conselheiro e da reação governamental. A rigor, a teoria que Euclides emprega para explicar o processo estava errada; isso, no entanto, não significa que fosse do mesmo nível da aceita pelos grupos em luta. Se quisermos um símile nas ciências naturais, podemos pensar em um remédio errado ou insuficiente para uma doença e uma explicação através de magia ou feitiçaria. O que distingue uma explicação da outra é sua forma – racional ou mítica – e não o fato de ser eficiente em determinado caso. Podemos imaginar um caso limite, em que o tratamento através de explicação sobrenatural seja mais eficiente do que o tentado através de um processo científico. Isso ocorreria, por exemplo, num caso de neurose histérica: uma pessoa com cegueira histérica pode ser curada por um processo de sugestão, embora não o seja pelos processos da medicina tradicional. O recurso racional para o tratamento desse caso – encontrado no século XIX por Charcot e Freud, como se verá depois – utiliza recursos naturais de explicação, e abandona a interferência do sobrenatural.

Até certo ponto, é possível estabelecer um paralelismo entre o desenvolvimento das ciências naturais e o das ciências humanas. Os dois grupos de ciências precisam superar as interpretações míticas e sobrenaturais. É fácil demonstrar que a astronomia nasceu de interesses astrológicos – isto é, adivinhar o futuro dos homens através do conhecimento da posição dos astros; a química nasceu da alquimia, que procurava o elixir da longa vida, capaz de tornar eterna a vida humana, a pedra filosofal, capaz de transformar em ouro tudo quanto tocasse. O desenvolvimento da medicina enfrentou dificuldades semelhantes, pois muitas doenças e muitos fenômenos naturais – como, por exemplo, a menstruação – despertavam medos irracionais e eram entendidos como sintomas de impureza ou de pecado. A explicação de doenças mentais através da feitiçaria ou de posse demoníaca não se afasta de outras formas igualmente míticas para a doença física. Por isso, os positivistas do século XIX e os neopositivistas de nosso tempo podem pensar que as ciências humanas apresentam problemas iguais aos das ciências naturais, sem que seja necessário lançar mão de outros recursos para chegar à verdade científica na psicologia, na sociologia ou na economia.

No entanto, recorde-se o que foi dito antes a respeito da historicidade do homem. Os problemas enfrentados pelo homem do século XX são bem diferentes dos enfrentados pelo homem do século XIX. Embora seja possível pensar que algumas questões – como a da morte, do bem e do mal – são permanentes para o pensamento do homem, há outros problemas imediatos – como os da subsistência, do trabalho, da família –, que variam de acordo com as condições de toda a vida social. Dizendo de outro modo, os homens do século XVIII não podem apresentar soluções para os problemas do século XX, pois não podiam sequer suspeitar quais seriam esses problemas. Outra diferença, decorrente da historicidade do homem, refere-se à possibilidade de repetir os fatos. Um químico pode repetir dezenas ou centenas de vezes uma determinada reação, fazendo com que obedeça às mesmas condições. Na vida humana, isso é praticamente impossível. Podemos estudar várias revoluções, verificar o que apresentam de comum ou diferente, mas não temos possibilidade de repetir, por exemplo, a Revolução Francesa de 1789. Ao contrário do que se supunha nos esquemas de indução aceitos pelos filósofos do século XIX, isso não é obstáculo para o conhecimento científico. Mesmo na ciência natural, não é a repetição do fenômeno que garante a verdade científica; dado o número possível de ocorrências, o número que conseguimos provocar – por maior que seja – é sempre insuficiente para garantir a correção de uma teoria. O processo de verificação científica, como se verá nos capítulos dedicados a Lewin e C. Hull, é o hipotético-dedutivo, isto é, que nos permite deduzir matematicamente as consequências de alguns princípios ou postulados. Apesar disso, o trabalho experimental é decisivo: ainda que não possa provar uma teoria, permite um grau maior de segurança na sua aceitação, pois apresenta uma confirmação, ainda que parcial, da teoria. Nas ciências humanas, essa confirmação experimental é possível apenas em casos limitados, tal como ocorre no laboratório de psicologia, seja com fenômenos individuais, seja com pequenos grupos criados pelo psicólogo. Nos grandes grupos, o trabalho experimental, se não impossível, é extraordinariamente difícil; se consideramos a personalidade total, pode-se dizer o mesmo quanto ao experimento com o indivíduo. Em vários capítulos deste livro o problema será retomado, pois veremos que diferentes psicólogos apresentaram diferentes soluções para este problema.

Mas as diferenças entre ciências humanas e ciências naturais não se limitam a esse aspecto. As ciências humanas enfrentam dois problemas que não existem, ou existem sob aspecto muito diferente, para as ciências naturais: o problema da liberdade e o problema do valor.

Parece fácil admitir uma natureza cegamente obediente a determinadas leis que podemos descobrir; ou, segundo outro esquema teórico, admitir que imaginamos ou intuímos certo esquema teórico que depois se verifica ser útil na interpretação ou na modificação dos fenômenos naturais. No caso das ciências humanas, enfrentamos desde o início um problema proposto pela nossa consciência: o sentimento de liberdade, a possibilidade de escolher um comportamento ou outro, dar uma ou outra resposta. Como admitir que o comportamento humano esteja sujeito a certas leis impessoais e universais, e admitir, ao mesmo tempo, o sentimento de liberdade? O problema não é insolúvel, mas apresenta peculiaridades e dificuldades que não existem para a ciência natural. Como se verá nos capítulos dedicados à psicanálise e ao existencialismo, a questão da liberdade deve ser vista em vários níveis, e talvez não apresente um obstáculo à organização de uma ciência do comportamento. A contradição total entre liberdade e determinismo aparece quando se pensa no determinismo clássico – A causa B – e quando se pensa na liberdade como ilimitada. Mas quando se pensa em causação probabilística e quando se pensa na liberdade como sendo escolha entre alternativas reais que a pessoa enfrenta, grande parte do problema desaparece. De qualquer forma, essa questão foi e é um problema característico das ciências humanas.

Finalmente, deve-se pensar no problema do valor ou dos valores. O esquema positivista, herdado do século XIX, marcava as seguintes etapas: conhecer um fenômeno, chegar a uma lei geral e, através desta, fazer a intervenção desejada no fenômeno. Embora seja discutível como esquema geral de trabalho científico, parece utilizável, pelo menos superficialmente, em muitos casos. Para vencer uma doença, preciso conhecer a sua origem, para impedir que apareça ou continue o seu desenvolvimento. Neste caso, o valor que desejo realizar ou impor – a saúde – é algo anterior e externo ao fenômeno que estudo. Embora de um ponto de vista mais amplo a definição de saúde possa apresentar aspectos que não existem para a análise superficial, esta é suficiente para a atividade prática. No caso das ciências humanas, a noção de patologia – para continuar o mesmo exemplo – apresenta uma complexidade muito maior, pois aí interferem nossos valores e nossas crenças. Em outras palavras, o valor não é externo ao fenômeno, mas de certo modo decorre da análise deste último, e o cientista participa dos processos que estuda e das modificações que deseja estabelecer. Considere-se, como exemplo, a existência de preconceito racial contra o negro. A solução dada a esse problema decorre da identificação do cientista. Se se identifica com o grupo branco, poderá dizer que os grupos raciais são efetivamente diferentes e que, por isso, não podem ter a mesma situação. Se se identifica com o grupo negro, tenderá a pensar que o preconceito é apenas uma justificativa para a exploração do grupo negro pelos brancos. É certo que, neste caso, a ciência pode oferecer vários recursos para uma decisão mais racional e objetiva. Quando se comprova a igualdade fundamental das raças, muitos dos argumentos racistas deixam de ter sentido ou significação. Mas ainda neste caso a nossa interferência não pode ser igual à empregada nas ciências naturais. Para apresentar a questão de maneira bem simples: podemos, mesmo contra a vontade do paciente, combater uma infecção de seu organismo; não podemos modificar, de forma semelhante, uma pessoa com preconceito racial. Só podemos modificá-la através de transformações mais amplas, não apenas em sua personalidade, mas provavelmente em toda a estrutura social. Portanto, ainda que se admita que o preconceito racial é patológico, esse diagnóstico depende de certos critérios de valor; o tratamento desse aspecto patológico exige a utilização de recursos muito amplos, e não apenas do cientista. Fundamentalmente, para que esse aspecto da vida social seja analisado e modificado é necessário que grandes setores da sociedade participem de alguns valores fundamentais.

Se passamos para o aspecto mais global da vida social, isso se torna ainda mais nítido. A vida social, como a conhecemos, tende a parecer inevitável e correta. Para os europeus do século XVI, a presença de um rei e da nobreza pode ter parecido tão natural quanto a luz do sol. Para a maioria dos senhores de escravos, no Brasil do século XIX, a escravidão deve ter parecido inevitável e indispensável para a vida social e econômica. A atual ordem social e econômica pode parecer, mesmo para alguns que a consideram injusta, como inevitável e a melhor possível. Frequentemente, só a existência de uma situação prova a sua viabilidade. De certo modo, somos incapazes de predizer os resultados de tais ou quais transformações sociais, e diante dos problemas do presente geralmente encontramos duas alternativas: a que prega uma volta ao passado e a que prega transformações radicais para uma transformação futura. De uma forma ou de outra, só compreendemos as alternativas propostas para ação humana quando conhecemos a realidade social diante da qual foram apresentadas. Não tem sentido pensar nos princípios do liberalismo, aceitos pela Revolução Francesa, se não pensamos, também, na realidade econômica francesa dos fins do século XVIII. A teoria freudiana da neurose não pode ser compreendida sem o conhecimento do puritanismo europeu dos fins do século XIX e começo do século XX. Os programas de orientação profissional só se tornam necessários com a multiplicidade de ocupações criadas pelo desenvolvimento do capitalismo do século XX.

Saber se isso implica, ou não, em aceitar que o homem não possa ter conhecimento universal nos domínios da psicologia e da sociologia é problema que pode ser posto de lado, pelo menos neste ponto. É possível dizer, no entanto, antecipando a análise do capítulo sobre a teoria da Gestalt, que esse problema é frequentemente mal proposto. Os que aceitam o relativismo tendem a pensar em soluções diferentes, mas igualmente válidas, para situações idênticas. Esse relativismo é evidentemente falso, e repugna à razão humana. Levado às suas últimas consequências, equivaleria a dizer que não temos critérios para distinguir o certo do errado, o bom do mau, a crueldade da caridade. Todavia, em outro sentido não parece absurdo falar em conhecimento dependente das condições reais que enfrentamos em determinado momento. Neste momento, só existem algumas alternativas, e a escolha certa corresponde à melhor delas. Mas, nesse mesmo momento, não temos recursos para saber, sequer, quais as alternativas que se proporão em outro momento, quando existirem condições diversas. Por exemplo, podemos imaginar que a utilização de uma forma de energia permita eliminar a maior parte das dificuldades de alimentação da humanidade. Ou podemos imaginar que outra distribuição dos bens de produção possa eliminar a dificuldade de obtenção de alimento. Em qualquer dos casos, não temos possibilidade de saber quais os problemas que aparecerão sob tais condições. Como se verá no capítulo referente a J. P. Sartre, esse princípio será por ele utilizado para justificar a ideologia existencialista, num período que ainda vive sob as condições descritas pelo marxismo.

Deve-se notar, no entanto, que algumas concepções do homem parecem ultrapassar as condições históricas, pois reaparecem em situações muito diversas. É isso que ocorre com a oposição entre materialismo e espiritualismo, entre realismo e idealismo. Está claro que essas concepções mais amplas ou gerais adquirem coloridos específicos, de acordo com a época em que aparecem, e essa é outra razão para o estudo das condições históricas em que surgiu e se desenvolveu a psicologia contemporânea.

Nas seções seguintes, o leitor encontrará, inicialmente, um esquema da história europeia, apresentada em suas linhas mais gerais; a seguir, uma rápida análise das principais transformações sociais, sobretudo as ligadas à diversificação profissional, à família e à educação. Finalmente, uma indicação das principais correntes intelectuais que influíram na formulação da psicologia contemporânea.

Esquema da história europeia (1848-1960)

Embora este livro analise apenas as teorias que apareceram no período 1900-1960, não as compreenderemos integralmente sem fazer referência a acontecimentos anteriores. Na realidade, os desafios históricos e sociais enfrentados pelos intelectuais do século XX, embora tenham apresentado peculiaridades diferentes em diversos momentos deste período, decorrem de tensões e problemas herdados do século XIX.

O século XIX marcou, nos países economicamente mais desenvolvidos da Europa, o triunfo da burguesia. O marco desse triunfo é assinalado, mais ou menos convencionalmente, com a Revolução Francesa de 1789, pois esta consegue eliminar os privilégios da nobreza e do clero, e dessa forma abrir o caminho para o desenvolvimento da burguesia. Como o seu nome o sugere, o burguês – de burgo, isto é, cidade – é o homem da cidade, por oposição ao nobre, cuja renda decorria, fundamentalmente, da posse da terra. O triunfo da burguesia assinala, portanto, a supremacia de uma economia urbana – de comerciantes, industriais, banqueiros –, oposta a uma economia agrícola, cujos beneficiários eram os nobres, senhores da terra – e desta, como se sabe, decorriam os títulos de nobreza. O fato de em períodos mais recentes, por exemplo, no século XVIII, os burgueses enriquecidos receberem títulos de nobreza prova apenas que o sistema tradicional já não atendia às novas condições da vida econômica e social. Alguns autores chegam a ver, no desenvolvimento do comércio mundial, e na colonização da América, o verdadeiro impulso para a formação da burguesia moderna. Mas é com a utilização do vapor na indústria – no século XVIII – que se vão formar as grandes aglomerações urbanas dos séculos XIX e XX. Essa burguesia, cujos objetivos não poderiam ser realizados nos quadros tradicionais da economia feudal e corporativa, a partir da Revolução Francesa conseguirá organizar, pelo menos na França, um sistema econômico e político capaz de permitir o seu desenvolvimento integral.

Essa conquista do poder pela burguesia não se fez sem dificuldades, nem sem movimentos contraditórios e antagônicos. Essas contradições e antagonismos, como se verá no capítulo seguinte, deram origem a movimentos intelectuais de grande amplitude, e que determinam as ideologias e utopias de nossa época.

Para vencer a nobreza, em todos os países europeus a burguesia precisou do concurso do proletariado. Uma vez instalada no poder, volta-se contra seus aliados da véspera, e a eles nega os direitos que conquistou para si mesma. Aqui não se trata de fazer um julgamento de teor moralista, mas de indicar que as transformações sociais possuem uma dinâmica própria, que nos permite compreender as aparentes contradições dos acontecimentos históricos.

A Revolução Francesa começa como um movimento de libertação e termina no Império Napoleônico, que superficialmente pode ser visto como uma volta ao passado. Na realidade, isso não ocorreu. O governo de Napoleão foi um período de adaptação das estruturas administrativas e econômicas à nova situação que se criara, com a eliminação dos privilégios da nobreza e do clero. Representou também um período de expansão, direta ou indireta, dos ideais revolucionários: as conquistas de Napoleão foram, pelo menos inicialmente, recebidas pela burguesia como uma forma de libertar-se da opressão da nobreza. Essas conquistas tiveram ainda um outro papel muito importante no continente europeu: contribuíram para modernizar a Europa, na medida em que aí provocaram um sentimento característico de nossa época – o nacionalismo. Este parece ter sido acentuado por duas correntes antagônicas: de um lado, os países conquistados percebem que só poderiam enfrentar Napoleão na medida em que pudessem ter um exército nacional, já conseguido na França; de outro, a ocupação por tropas francesas provoca em vários países a revolta e a busca de tradições nacionais.

Nada mostra melhor a influência de Napoleão do que o Congresso de Viena (1815) que procura restabelecer a Europa anterior à Revolução Francesa. Nesse Congresso, os soberanos europeus procuram ignorar o período de Napoleão, e estabelecer as bases para a defesa da nobreza, ainda que isso pudesse significar a intervenção em território de outro país. Em outras palavras, ignora-se a existência da nação, sobrepondo-se a esta o direito tradicional da família reinante. É sintomático que o movimento tenha sido liderado pelo rei da Prússia e pelos imperadores da Áustria e da Rússia, pois estes países não contavam ainda com uma economia tão desenvolvida quanto a França ou a Inglaterra. É sintomático também que esse movimento de reação, embora tenha retardado o desenvolvimento europeu, não tenha conseguido deter totalmente a sua marcha. Era, efetivamente, um anacronismo.

A história do século XIX o demonstra. De um lado, o nacionalismo seria uma de suas tendências mais intensas e está na base da unificação da Itália e da Alemanha, onde o sentimento de nação permitiu a unidade política. Mas o nacionalismo teria amplitude muito maior: depois de determinar vários movimentos sociais europeus, passou a influir também nos movimentos de libertação das colônias americanas. Como se verá adiante, o nacionalismo, longe de apagar-se e desaparecer, em certos casos acentuou-se no século XX. Em segundo lugar, a burguesia expandiu-se e, na busca de novos mercados consumidores e de novos suprimentos de matérias-primas, iniciou o que se conhece como o imperialismo. Esse movimento foi decisivo para a história política dos fins do século XIX e teria como consequência mais notável a Primeira Grande Guerra (1914-1918): os países europeus não apenas empreenderam a colonização de países africanos e asiáticos, mas também ampliaram o campo de aplicações de capitais em países menos desenvolvidos.

O terceiro aspecto da época contemporânea já se anunciava, embora timidamente, nos primeiros momentos da Revolução Francesa: a luta entre a burguesia e o proletariado. Esse conflito acentuava-se cada vez mais, à medida que se intensificava o processo de industrialização e urbanização da Europa.

Sob muitos aspectos, a história europeia do século XIX e da primeira metade do século XX pode ser escrita através desse conflito. A utilização da energia do carvão e depois da eletricidade acabou por eliminar o artesanato independente e as corporações. Em torno das cidades formava-se a classe caracteristicamente contemporânea: o proletariado das fábricas. No início do processo, a aceitação de economia liberal procurou ignorar e depois combater abertamente as reivindicações proletárias. Aos poucos, organizados em sindicatos, os operários conseguem obter uma relativa melhoria nas condições de trabalho. Se, inicialmente, mulheres e crianças, a partir de 6 anos, trabalham de 12 a 14 horas, os sindicatos conseguem, através de movimentos coletivos, chegar ao estabelecimento de oito horas de serviço, bem como a proteção à maternidade e à infância. A organização política do proletariado será, em meados do século XIX, o programa das várias tonalidades do socialismo – e que constituirão as chamadas esquerdas da política contemporânea. A sua primeira manifestação política de envergadura é a revolução de 1848 na França, primeiro exemplo de um grupo socialista que toma o poder, embora por um pequeno período de tempo.

Em todos os países europeus, a burguesia instala-se solidamente no poder. Uma parte da inquietação proletária pode ser combatida indiretamente, através da emigração, sobretudo para os países americanos, para a Austrália, para a Nova Zelândia.

De outro lado, a exploração dos mercados coloniais permite, aos poucos, melhorar o nível de vida do proletariado e, ao mesmo tempo, o ajustamento da economia faz com que as crises de desemprego não sejam tão frequentes.

O início do século XX traz uma acentuação da luta imperialista, que culminará na guerra de 1914-1918, primeiro exemplo de uma guerra de amplitude mundial e da qual participava também a população civil, que passa a sofrer bombardeios e privações de toda ordem. A derrota da Alemanha e do Império Áustro-Húngaro tem consequências muito importantes para a divisão geográfica da Europa, pois a nova divisão de países tende a considerar, fundamentalmente, os grupos nacionais. E, sob alguns aspectos, pode-se dizer que a guerra de 1914-1918 é que termina uma evolução política que se iniciara com a Revolução Francesa e as guerras napoleônicas: o Império Áustro-Húngaro, que era o último país ainda organizado sob os princípios monárquico-feudais, é dividido em vários países, de acordo com critérios nacionais, isto é, língua, religião, tradições comuns.

A outra consequência fundamental dessa guerra é a organização, no antigo Império Russo, do primeiro governo do proletariado, sob o nome de União Soviética (Revolução de 1917). Depois de vencida na guerra, de enfrentar a guerra civil e a invasão estrangeira, a União Soviética consegue modernizar o país e promover a sua rápida industrialização.

Finalmente, outra consequência da guerra é a passagem dos Estados Unidos para o nível de primeira potência mundial: o seu desenvolvimento industrial, os seus extraordinários recursos naturais e a extensão de seu território permitem um desenvolvimento econômico sem igual.

A paz, em 1918, não significou uma solução para as crises do mundo. Na Europa, as novas fronteiras e as indenizações impostas aos países vencidos criaram ressentimentos e desejos de vingança. Fundamentalmente, a mesma competição imperialista e a mesma necessidade de encontrar mercados para a indústria europeia continuavam a envenenar as relações entre os países. Na Europa, a Itália e a Alemanha opunham-se à França e à Inglaterra; na Ásia, Estados Unidos e Japão disputam mercados e zonas de influência.

Logo depois da guerra, a Europa enfrenta uma grave crise econômica, caracterizada pela inflação; a seguir, em todo o mundo se registra um período de euforia e desenvolvimento que terminará com a crise de superprodução de 1929. Embora todos os países capitalistas tenham sido mais ou menos atingidos pela crise, as suas consequências são muito diversas. Nos Estados Unidos, Roosevelt, com o emprego de medidas sociais, permite a continuidade do regime, apesar dos grandes sacrifícios impostos aos trabalhadores pelo que lá se denominou a Grande Depressão, e que só terminaria com a guerra de 1939-1945. Apesar disso, a década de 1930-1940 se caracteriza, também nos Estados Unidos, por grande agitação política, com o choque de grupos políticos de esquerda e da direita.

Em alguns países europeus – como a Itália, Portugal, Polônia, Iugoslávia – mesmo antes da crise os grupos de direita tinham conseguido tomar o poder. Embora com coloridos diferentes, os partidos de extrema direita – frequentemente denominados fascistas, segundo o nome do partido de Mussolini, na Itália – têm alguns aspectos comuns: extinção da liberdade individual e do regime parlamentarista de governo; organização de um partido aparentemente popular, mas voltado para a consolidação e concentração do regime capitalista. Em resumo, os partidos fascistas procuram, através da força, impedir a ascensão ao poder dos grupos realmente populares. Através do controle da informação, de uma hábil organização da propaganda e da repressão violenta aos oposicionistas, os partidos fascistas conseguem o domínio quase que completo de seus países.

Recebidos inicialmente com simpatia pelos outros países capitalistas, como a Inglaterra e a França, os partidos de direita, sobretudo da Itália e da Alemanha, têm colorido nacionalista e expansionista que acabará por provocar a Segunda Grande Guerra (1939-1945). Esta é que vai determinar as linhas gerais do mundo que hoje conhecemos. A guerra se fez entre dois grupos: os aliados – cujos países mais fortes eram os Estados Unidos, União Soviética, Inglaterra e França – e as chamadas potências do Eixo – Alemanha, Itália e Japão. A vitória dos aliados determinou a atual carta geográfica da Europa e a separação de duas diferentes áreas de influência. A chamada Europa Oriental, libertada das tropas nazistas pelo exército soviético, ficou sob influência da União Soviética e adotou um regime político semelhante ao deste país; foi isso que ocorreu na Polônia, na Hungria, na Romênia, Bulgária, Iugoslávia, Checoslováquia e Albânia. A chamada Europa Ocidental ficou sob a influência norte-americana e manteve o regime capitalista.

A principal consequência da Segunda Grande Guerra é a divisão do mundo em dois campos bem nítidos: o capitalista e o socialista, sendo que este passa a contar, a partir do início da década de 1950, com uma nova potência, que é a China Comunista.

Se procuramos identificar os dilemas atualmente enfrentados pelas forças políticas, parece possível chegar aos seguintes aspectos fundamentais. Em primeiro lugar, a existência de armas de extraordinário poder destrutivo coloca na mão dos dirigentes dos principais países a possibilidade de praticamente extinguir a civilização, e talvez a vida humana. A compreensão dessa possibilidade tem levado grandes grupos de vários países a participar de movimentos pela paz, que formalmente deveriam ser liderados pela ONU, mas que esta, presa ao jogo de influências econômicas e políticas, não tem realizado integralmente. O segundo aspecto importante do mundo de pós-guerra – e que talvez seja o campo decisivo para a luta entre os dois sistemas econômicos – é a progressiva libertação política e econômica dos países subdesenvolvidos. Nestes, a população se torna cada vez mais consciente de uma distância imensa entre o seu nível de vida e aquele de que desfrutam os países industrializados. O grave, na situação, é que essa distância, longe de diminuir, tende a tornar-se cada vez maior, pois a interdependência econômica, em vez de beneficiar, prejudicou a grande maioria das populações dos países subdesenvolvidos.

Esse é, do ponto de vista político, o esquema bem sumário do período de século e meio, que vai do início do século XIX até a década de 1960. Apesar de transformações históricas e peculiaridades nacionais – que dão colorido e conteúdo aos vários períodos – não parece sectarismo ou parcialidade dizer que essa época se caracteriza pela formação do proletariado e, depois, por sua luta por melhores condições de vida. Como se verá agora, ao descrever as transformações na família da época, nem todas as classes vivem os mesmos problemas, e em certos casos não existe, sequer, a consciência de que outros grupos vivem em situação muito diversa. Para muitos seres humanos se aplica, na realidade, a história – provavelmente apócrifa, mas reveladora –, que se atribui à rainha Maria Antonieta. Conta-se que, diante da revolta popular, Maria Antonieta perguntou porque é que o povo estava lutando. Quando lhe disseram que o povo não tinha pão, Maria Antonieta perguntou:

– E por que não comem brioches?

Diversificação profissional e ampliação da educação formal

Se consideramos os países economicamente desenvolvidos, podemos dizer que uma das consequências da industrialização é a extraordinária diversificação profissional; esta, por sua vez, exige um período cada vez maior de permanência na escola. Convém examinar, separadamente, os dois processos, pois ambos têm consequências bem nítidas para a problemática da psicologia do século XX.

A diversificação profissional exige a seleção individual e esta constituirá um dos objetivos principais da psicologia contemporânea. Em outro nível, a diversidade de profissões – há cálculos de que, na década de 1950, havia cinquenta mil profissões nos Estados Unidos – é uma forma de ascenção social, mas é também uma fonte de frustrações individuais. As diferentes profissões não têm o mesmo valor social, nem são recompensadas igualmente. Embora todas sejam necessárias ao funcionamento adequado da sociedade, somente algumas profissões são verdadeiramente atraentes.

Dessa situação geral decorrem vários problemas que ocuparão os psicólogos na primeira metade do século XX. Aí tem origem os inumeráveis estudos sobre inteligência, aprendizagem, relação entre hereditariedade e meio. Em resumo, a psicologia tradicional, cujas teorias permitiam apenas o estudo de um homem geral, fechado em sua consciência, torna-se cada vez menos satisfatória. Os estudos introspectivos sobre o intelecto e a razão são substituídos pelos testes de inteligência, pela análise experimental da aprendizagem e, mais recentemente, pelo problema do pensamento produtivo.

Mas a diversidade e complexidade das profissões tem ainda uma consequência muito importante para a educação. Esta deixa de ser privilégio de um pequeno grupo para tornar-se uma necessidade de toda a população. Já no fim do século XIX os países europeus mais industrializados passam a exigir o ensino primário obrigatório. Hoje, em todos os países industrializados existe uma indiscutível tendência para que o ensino obrigatório chegue à escola média, o que exige a permanência na escola até 16 ou 17 anos de idade. Finalmente, embora sem o caráter de obrigatoriedade, o ensino universitário passa a ser aspiração de camadas cada vez mais amplas da população.

Essa transformação radical não é gratuita e decorre de vários fatores conjugados. Apenas com a introdução de máquinas eficientes é possível dispensar o trabalho das crianças; de outro lado, o trabalho com máquinas cada vez mais complexas torna cada vez menos necessário o trabalho não qualificado, isto é, de pessoas sem preparação especial. Finalmente, essa transformação contribui para modificar a família tradicional e todo o ritmo da vida humana.

A transformação da família

Pode-se dizer que, na Europa do século XIX, se iniciam várias modificações fundamentais na família, todas interligadas, embora o processo não tenha sido o mesmo nas várias classes sociais. Nas classes mais pobres o processo de industrialização tem efeito destrutivo sobre a família. Esta deixa de ser uma unidade econômica, e seus vários membros – homens, mulheres e crianças – se espalham por diferentes fábricas. As condições de pobreza e a constante ameaça de crise e desemprego completam o quadro, e fazem com que os costumes na classe mais pobre cheguem a um ponto extremo de desorganização. As descrições que temos desses grupos são as apresentadas pelos que, no século XIX, iniciaram os trabalhos de assistência social, ou procuraram mobilizar o proletariado para a luta por suas reivindicações. Embora as condições não sejam exatamente iguais, um fenômeno semelhante ocorre atualmente no Brasil, com a progressiva urbanização de massas rurais: como perdem os seus padrões tradicionais, e não têm possibilidades de aprender ou adaptar-se a novos padrões, esses grupos passam a constituir um terreno muito propício às várias formas de desajustamento – embora isso não ocorra, evidentemente, com todos.

De qualquer forma, esses grupos foram objeto de estudo para sociólogos e políticos, mas aparentemente tiveram pouca influência nas teorias de psicólogos do século XIX e início do século XX. Para os psicólogos, educados no ambiente de classe média ou classe alta e que, além disso, tiveram pacientes também dessas classes, a situação nestas é que deve ser lembrada.

A industrialização provoca, nas classes média e alta, uma profunda transformação na posição da mulher e da criança. Se, na classe operária, o trabalho na indústria representa um sacrifício para a mulher e a criança, nas classes mais altas ocorre uma redução no trabalho e um aumento no período de educação formal. Para a mulher dessas classes, o século XIX representa um período de restrições, na medida em que, fora do casamento, não havia qualquer colocação feminina.

Portanto, a única possibilidade de realização para a mulher estava no matrimônio. Mesmo esse objetivo devia ser procurado com um mínimo de demonstrações explícitas, pois a sociedade vitoriana dava uma grande ênfase ao pudor. Essa era, portanto, a primeira contradição na vida da mulher de classe média do século XIX: procurar o matrimônio, sem que os homens o percebessem. Essa imposição de duplicidade no comportamento acaba por deixar, à mulher, apenas a possibilidade de salientar-se indiretamente, através da doença, da palidez, do desmaio – isto é, comportamentos que negassem qualquer conteúdo sexual. A segunda contradição aparece no casamento. É no século XIX que se estabelece – ou, pelo menos, se acentua – a relação entre amor e casamento, pois até essa época o casamento era uma imposição da família, e o amor era uma relação extraconjugal. A contradição, neste caso, resulta da ambivalência da relação entre homens e mulheres. Como a mulher de classe média ou alta não pode trabalhar fora do lar, o casamento representa, para ela, uma forma de manutenção; para o homem ao contrário, é uma carga econômica. Como, de outro lado, se espera o casamento por amor, a mulher é obrigada a fingi-lo, pois essa é sua forma de chegar ao casamento. Evidentemente, no caso da moça rica, a situação seria inversa. Aos poucos, a partir do começo deste século e, sobretudo, a partir da Primeira Grande Guerra, a situação apresentou grandes transformações. Desde que a mulher conquista o direito de trabalhar, frequentar escolas e participar da vida política, começa a adquirir relativa autonomia. A tendência que aí se pode observar é, evidentemente, para uma posição de igualdade de direitos e deveres entre os dois sexos.

Do ponto de vista da criança, as transformações nos últimos cem anos parecem ainda mais drásticas. Se, no início do processo de industrialização, as crianças de classes operárias são obrigadas aos mais duros trabalhos, o desenvolvimento econômico e as lutas por melhores condições de vida tendem a eliminar o trabalho infantil. Aos poucos, nos vários países europeus e americanos, implanta-se a educação escolar obrigatória, isto é, um período em que a criança, proibida de trabalhar, deve frequentar a escola. Dentro da família, as modificações da vida infantil não serão menos drásticas, embora também aqui seja necessário fazer uma distinção bem clara entre as diferentes classes sociais. Nos grupos proletários, a industrialização provoca desorganização e, em alguns casos, destruição da família. Esse contingente vai fornecer, nos seus casos extremos – das zonas urbanas conhecidas, em vários países, como favelas, *slums* –, a grande porcentagem de delinquência juvenil e adulta. Nos grupos de classe média e alta, a família tende a reduzir-se a uma família conjugal, isto é, composta de marido, mulher e filhos, e a deixar de incluir todo o grupo de parentes mais distantes. Ao lado disso, a criança passa a ter o seu universo peculiar – uma fase mais ampla de preparação para a vida, através da educação escolar. Embora, neste caso, as afirmações sejam extraordinariamente perigosas, não parece errado dizer que a infância, tal como a conhecemos hoje, é criação da civilização contemporânea: só em nossa época a criança tem um período em que está colocada inteiramente fora da atividade produtiva da sociedade, e na dependência exclusiva dos pais. Se quisermos um termo de comparação, podemos pensar na situação que ainda hoje perdura na sociedade caipira do Brasil. Nesses grupos, a criança se integra, a partir de 5 ou 6 anos, na atividade produtiva, isto é, não tem um período de exclusiva preparação para essa atividade. Está claro que, nos grupos mais pobres das cidades, encontramos uma situação semelhante, embora também aqui a tendência seja permitir a sua permanência nas escolas.

Essa transformação no trabalho e na família pode ser vista, de maneira bem nítida, no aparecimento da adolescência – isto é, um período entre a infância e a vida adulta, e que era praticamente desconhecido até o século XIX. Quando as moças se casavam logo que atingiam a puberdade e quando os rapazes com a mesma idade se integravam na atividade produtiva e eram considerados adultos, não podia haver um período de escolha e indecisão – que são as características marcantes da adolescência. Ainda aqui, a situação atual do Brasil nos apresenta uma ilustração muito nítida do processo. Só nas classes média e alta encontramos a caracterização da adolescência – período de dependência econômica, de preparação para a atividade produtiva, de escolha de par para o matrimônio, de escolha de uma profissão. Para as moças e rapazes que frequentam escola superior, esse período pode estender-se até 23 ou 24 anos de idade. Nas classes mais pobres, para as quais a atividade economicamente produtiva começa aos 12 ou 13 anos de idade, não tem muito sentido falar-se em adolescência, pois as escolhas básicas são feitas nessa idade.

Essas transformações – aqui sugeridas de maneira bem esquemática – determinaram alguns dos focos de interesse da psicologia contemporânea. Embora tenha havido antecedentes nesse interesse, os séculos XIX e XX parecem caracterizar-se por uma volta à infância. Nesta é que os escritores e poetas – através da evocação, das memórias – procuram as impressões mais nítidas e profundas da vida; nela é que muitos psicólogos vão buscar uma explicação para as características distintivas ou as doenças dos adultos. Afastadas do mundo dos adultos, cuidadas com um interesse que os séculos anteriores desconheciam, retiradas do convívio mais direto com a natureza, as crianças parecem viver num universo peculiar, que a vida adulta não pode substituir ou compensar. A família, fundada no amor romântico e destinada à busca de uma indefinida felicidade individual, passa a ser uma instituição instável, que os indivíduos não temem destruir. A rápida transformação dos padrões educacionais representa outra fonte de insegurança e instabilidade, pois os pais já não estão certos quanto ao que os filhos devem ou podem fazer, nem quanto às profissões que conseguirão exercer.

Esses são alguns dos problemas que a psicologia contemporânea procura solucionar, embora não o faça diretamente, e embora sempre exista uma distância, maior ou menor, entre o problema apresentado pela vida social e sua solução pela ciência. E esta não surge apenas em determinado momento, para solucionar os problemas contemporâneos. Toda ciência tem uma história, e recebe também a influência das outras ciências, de seus êxitos e fracassos. Por isso, para ter uma compreensão adequada da psicologia contemporânea, é preciso lembrar a situação das outras ciências e da filosofia nos últimos cem anos. Só assim podemos entender as características das várias teorias psicológicas.

Referências bibliográficas

BUYTENDIJK, F. J. J. El dolor: fenomenología, psicología y metafísica. *Revista de Occidente*, Madri, 1958.
MONDOLFO, R. *Tres filósofos del renascimiento (Bruno, Galileo, Campanella)*. Buenos Aires: Losada, 1947.

2
Freud: biografia e formação

A psicanálise será aqui tratada como teoria psicológica e não como processo terapêutico. Está claro que em nenhum momento se pode esquecer que a psicanálise surgiu no consultório médico, e talvez o seu aparecimento só fosse possível nesse ambiente – pois onde mais as pessoas teriam condições para revelar suas angústias, seus sofrimentos e suas deficiências? Mas os interesses de Freud e seus discípulos nunca se limitaram à terapia: desde os seus primeiros trabalhos analíticos – grosseiramente, desde 1900 – Freud tentou explicar obras de arte, a vida social, a religião, a ética. Nesse sentido, é ele quem nos convida a esquecer sua condição de terapeuta e a discutir a psicanálise como uma antropologia, isto é, uma teoria geral do homem, e não apenas como processo de tratamento ou como teoria psicológica.

Embora sem antecipar a discussão das páginas seguintes, convém lembrar, desde o início, essa perspectiva mais ampla, que ultrapassa a terapia analítica, a fim de evitar um mal entendido frequente na discussão das várias formas de psicoterapia. Um freudiano pode dizer-nos que apenas quem foi psicanalisado poderá discutir a psicanálise; um junguiano dirá que apenas depois da terapia de Jung poderíamos avaliar a sua correção. Se essas afirmações fossem aceitáveis, seriam válidas para quaisquer outras psicoterapias, e não haveria qualquer possibilidade de comunicação, não apenas entre *leigos*, mas também entre os *iniciados* nas várias escolas de tratamento. Ora, os argumentos científicos devem ser, pelo menos, argumentos racionais. A ideia de *resistência*, tantas vezes apresentada como justificativa para o fato de os não analisados recusarem a teoria, não é processo desconhecido na história da cultura. Galileu, Pasteur, Marx – para lembrar apenas homens de especializações muito diversas – também foram perseguidos ou condenados por suas ideias; muitas obras literárias ou artísticas foram recusadas e seus autores ridicularizados. Esses exemplos mostram que os grupos conservadores, na ciência, na arte ou na filosofia, sempre tendem a recusar as novas formas de explicação ou de expressão artística. Portanto, a reação a Freud não foi, sob muitos aspectos, diversa da apresentada a outros inovadores. Mas a teoria de Freud, como a dos outros, deve vencer ou ser derrotada no campo da demonstração racional – e, se possível, experimental – e não dos argumentos emocionais. Nesse sentido, a sua teoria deve ser discutida como qualquer outra teoria psicológica contemporânea.

É verdade, no entanto, que os psicanalistas têm razão para não aceitar muitas das críticas apresentadas às teorias de Freud: muitas delas foram feitas sem um mínimo de respeito às ideias inicialmente defendidas por Freud e, pior ainda, sem qualquer interesse por uma compreensão adequada de suas palavras ou seus objetivos. Embora esse tipo de crítica seja cada vez menos frequente, ainda pode ser encontrado, por exemplo, num psicólogo como Eysenck. A outra injustiça – e esta tende a tornar-se cada vez mais frequente entre psicólogos sem formação analítica – é a aceitação superficial de algumas proposições muito gerais, como se estas constituíssem o cerne da teoria freudiana. Poucos são os psicólogos que atualmente se dão ao trabalho, e à revelação, de uma leitura atenta e objetiva das melhores obras de Freud.

O leitor brasileiro, para essa leitura, enfrenta também a dificuldade da inexistência de uma tradução padronizada das obras de Freud. Enquanto não se conseguir essa edição, o estudante brasileiro precisa valer-se da edição castelhana, que recentemente foi completada com um terceiro volume, ou da edição inglesa (a Standard Edition, da Hogarth Press e do Institute of Psycho-Analysis da Inglaterra). Em português, em circulação normal de mercado, encontrará apenas edições avulsas.

Para a compreensão da vida e do pensamento de Freud, o leitor hoje dispõe da biografia escrita por Jones. Embora outras fontes sejam indicadas no texto, sempre estive acompanhado de Jones e as indicações biográficas, salvo indicações em contrário, decorrem sempre de seu trabalho. Como o disse com muita propriedade Philip Rieff (1959), Jones oferece matéria para muitos discípulos, e um homem inteligente e audacioso poderá chegar a uma interpretação diferente de Freud ainda que conheça apenas a biografia escrita por Jones. Quem leu, com cuidado, a *Missão de Freud*, de Erich Fromm, terá percebido que este fez exatamente isso: reinterpretou Freud, opondo-se às interpretações de Jones, embora dispusesse apenas dos elementos apresentados por este.

Aqui, o leitor não encontrará pretensão desse gênero, mesmo porque a pretensão talvez não seja a melhor perspectiva para a compreensão dos grandes autores. Afinal, diante deles o nosso maior risco não é discordar, mas discordar por razões erradas, isto é, por incompreensão.

Na análise dos aspectos propriamente teóricos, fui muito auxiliado por livros de Dieter Wyss (1966), que apresenta talvez a análise mais profunda e sistemática do pensamento de Freud e dos freudianos, ortodoxos ou não.

Para a exposição da teoria de Freud utilizei um esquema fundamentalmente didático; indicações biográficas até a criação da teoria psicanalítica; a seguir, apresentação das várias etapas de desenvolvimento da psicanálise; finalmente, discussão da teoria de Freud. Deve-se observar, no entanto, que o esquema não foi seguido rigidamente, isto é, em certos casos o leitor encontrará críticas a determinados aspectos da teoria. No entanto, a crítica global é apresentada depois da apresentação da teoria, para evitar que o leitor seja levado à crítica antes de ter apreendido o alcance da teoria.

Biografia de Sigmund Freud

Em alguns cientistas, a biografia pode ser pouco esclarecedora: o conhecimento das influências intelectuais a que estiveram sujeitos é, de certo modo, toda informação biográfica de que precisamos. No caso das ciências humanas isso raramente ocorre, pois a experiência afetiva e, mais amplamente, toda a experiência de vida nos esclarecem a respeito de resultado final, que é a obra. Isso não significa, evidentemente, que a vida explique a obra. Até certo ponto, o fato de a pessoa ter criado uma obra significativa indica que ultrapassou a si mesma, que dominou as condições a que estava submetida; nesse sentido, a obra pode ser até a negação da biografia que somos capazes de apreender através dos depoimentos e acontecimentos externos. Não é o fato de ter vivido como viveu, de ter sentido o que sentiu, que nos explica a realização de Freud. Muitos homens de sua época tiveram experiências semelhantes, sem que chegassem aos mesmos resultados. No outro extremo, pode-se dizer também que, sem essas experiências, a psicanálise não teria sido criada por Freud. Em outras palavras, a biografia nos dá a amplitude dentro da qual Freud viveu e pensou; não nos dá, nem pode dar, o conteúdo da sua criação intelectual. Isto significa que não podemos explicar a psicanálise através da biografia de Freud, embora esta nos ajude a compreender alguns de seus aspectos e, sobretudo, a compreender a interferência ideológica em algumas de suas teorias.

Sigmund Freud nasceu a 6 de maio de 1856, na cidade de Freiberg (Príbor), na Morávia, hoje território da Checoslováquia, e que na época fazia parte do Império Austro-Húngaro. Seu pai, Jacob Freud (1815-1896), era comerciante, dedicando-se sobretudo à venda de lã. Casou-se duas vezes; do primeiro casamento teve dois filhos – Emanuel, nascido em 1832 ou 1833, e Felipe, nascido em 1836. Aos quarenta anos (1855), Jacob Freud casou-se com Amália Nathansohn (1835-1930). Por ocasião deste segundo casamento, Jacob Freud já era avô, e Sigmund nasceu tio.

Jacob Freud, segundo vários depoimentos, teria sido afetuoso, amado por toda a família, e Sigmund Freud observou que se parecia física e mentalmente com o pai. Amália Freud, sua mãe, foi bonita e espirituosa. Freud nasceu quando ela tinha 21 anos; logo depois Amália teve um outro filho, que morreu aos 8 meses, quando Freud tinha 19 meses. Em carta, já adulto, Freud confessa os impulsos de agressividade contra esse irmão, bem como a autoacusação resultante de sua morte. Ainda da primeira infância, alguns acontecimentos e relações parecem ter sido importantes para o futuro criador da psicanálise. Freud, filho mais velho, foi também o predileto de sua mãe, e a respeito escreverá muito mais tarde: "um homem que tenha sido o favorito indiscutível de sua mãe conserva, por toda a vida, o sentimento de conquistador, a confiança no êxito que, frequentemente, traz o êxito real."

Essa constelação familiar tem algumas características significativas para o desenvolvimento de Freud e, talvez, até para a sua possibilidade de chegar a alguns dos princípios da psicanálise. A primeira delas refere-se à intensa ligação afetiva com a mãe. Para isso, vários aspectos devem ter contribuído: Sigmund Freud era o filho mais velho, sua mãe perdeu o segundo filho, e só depois do nascimento de várias irmãs surgiu um outro menino (Alexandre), capaz de competir afetivamente com Sigmund. A segunda característica importante da família é a existência de um irmão que poderia ser pai de Freud: essa circunstância deve ter feito com que a criança deslocasse parte de sua agressividade ou competição para o irmão, em vez de dirigi-la exclusivamente para o pai. Finalmente, o sobrinho de Freud – João, um ano mais velho que ele –, que foi seu companheiro de brinquedos, foi também um modelo de suas relações afetivas posteriores. Freud dirá, mais tarde, que o sobrinho era objeto de sua ambivalência afetiva – amor e ódio – exatamente como o foram muitos dos amigos e companheiros da vida adulta.

Quando tinha 3 anos, diante de condições econômicas adversas, a sua família se muda para Leipzig; um ano depois, muda novamente, desta vez para Viena, onde Freud passaria praticamente toda a sua vida, dela saindo apenas em curtos períodos de estudos ou férias, e um pouco antes da morte, quando fugiu dos nazistas. Em Viena fez seus estudos secundários e universitários, e aí exerceu sua profissão.

Pelo menos um de seus biógrafos – Hanns Sachs (1944) – dá importância a dois acontecimentos ocorridos em sua infância (narrados na *A interpretação dos sonhos*) e que poderiam ter exercido influência no desenvolvimento do adolescente e do adulto. Os dois referem-se à relação com o pai. No primeiro, o pai teria contado um episódio em que foi humilhado: um cristão "expulsou" Jacob Freud da calçada, e este não reagiu. Esse seria o ponto em que Freud teria deixado de ver no pai o seu herói. No segundo episódio, o pai teria dito de Freud: "você não será coisa alguma na vida."

É difícil imaginar a efetiva significação desses dois acontecimentos. O primeiro pode ter marcado o início de uma série de humilhações e restrições a que estava sujeita a minoria judaica. É um pouco difícil acreditar, por isso, que o menino não estabelecesse essa relação, e desse excessiva importância ao episódio. O segundo pode ter sido mais importante, não em si mesmo, mas pelo contraste com toda a vida familiar, aparentemente voltada para a carreira e os interesses de Freud. Ainda assim, parece um pouco difícil imaginar que pudesse ter influência decisiva na formulação de sua teoria.

Adolescência e vida universitária

No ginásio, Freud foi sempre o primeiro aluno. A respeito de seus exames finais no ginásio (Matura), que dariam possibilidade de ingresso na universidade, temos uma curiosa carta de Freud, dirigida a um amigo, Emil Fluss (16 de junho de 1875). A carta revela vários aspectos sugestivos e, certamente, algumas coincidências interessantes. A sua melhor nota é obtida na composição em língua alemã (Considerações sobre a escolha de uma profissão), na qual, além da nota, recebe um grande elogio do professor, segundo o qual teria, na classificação de Herder, um estilo *idiótico*, isto é, correto e característico. O jovem Freud comenta:

> fiquei muito impressionado com esse fato extraordinário, e não hesito em divulgar o mais amplamente possível o feliz acontecimento, o primeiro da espécie – por exemplo a você, que até agora provavelmente continuava sem saber que se correspondia com um estilista alemão. E agora o aconselho, como amigo, não como parte interessada, a conservar as cartas – encaderná-las, mantê-las –, a gente nunca sabe o que pode acontecer. (Freud, E. L., 1961)

Mais curioso ainda é saber que, no exame de grego, o teórico do complexo de Édipo traduziu um trecho de *Édipo rei*, de Sófocles.

Evidentemente, não podemos dar um valor muito grande a essa carta de adolescente – Freud tinha 17 anos quando a escreveu – pois não temos o conteúdo das outras, e não podemos saber se todas eram igualmente intelectualizadas. Além disso, o fato de Freud revelar, nessa e em outras oportunidades, a ambição de glória, não pode ser considerado como característica individualizadora, pois essa ambição parece uma característica da adolescência.

Apesar disso, outros dados parecem confirmar a imagem de um jovem estudioso, com uma vida afetiva e sentimental muito pobre ou muito reprimida. Ainda que os padrões da Europa vitoriana fossem muito diversos dos atualmente aceitos, parece difícil imaginar que esse empobrecimento fosse tão frequente. Freud parece ter tido, aos 16 anos, um namoro fracassado – e, o que é mais estranho, nenhum outro, fracassado ou não. Mesmo esse romance fracassado parece revelar uma excessiva timidez para um jovem de 16 anos. Nessa ocasião visita sua cidade natal e aí se apaixona por Gisela; não tem coragem de falar com a moça e, quando esta vai para a escola, Freud só tem o consolo de passear pelo campo e devanear quanto à possibilidade de que tivesse continuado a viver nessa cidade.

Só dez anos depois, ao encontrar Martha Bernays – que será sua mulher – tem uma outra paixão. Em todo esse intervalo, Freud tem uma intensa atividade intelectual, mas não parece interessado pela vida afetiva. Ou, em termos psicanalíticos, conseguia sublimar a vida afetiva numa dedicação total aos seus estudos. (Freud, E. L., 1961)

Depois dos exames da Matura, as escolhas possíveis para Freud não eram muito numerosas; não se esqueça que era judeu e que, por isso, sofria grandes restrições. Direito e medicina eram as duas profissões liberais entre as quais poderia escolher. Sobre a escolha, Freud escreverá anos mais tarde:

> depois de 41 anos de exercício da medicina, meu autoconhecimento me diz que nunca fui, no sentido real da expressão, um médico. Tornei-me médico ao ser obrigado a desviar-me de meu objetivo inicial; o triunfo de minha vida reside no fato de ter, depois de longa e sinuosa caminhada, encontrado meu caminho para o objetivo inicial. Não me lembro de ter, quando jovem, qualquer desejo de auxiliar a humanidade sofredora. Minha disposição sádica inata não era muito intensa, de forma que não precisei desenvolver esse derivativo. Nunca "brinquei de doutor"; evidentemente, minha curiosidade infantil escolhera outros caminhos. Na minha juventude senti uma grande necessidade de compreender algo dos enigmas do mundo em que vivemos, e talvez contribuir para sua solução.

A melhor maneira de fazê-lo pareceu-me ser a de frequentar a faculdade de medicina; mesmo aí experimentei, sem êxito, a Zoologia e a Química, até que, finalmente, sob a influência de Brücke – a autoridade que maior influência exerceu em minha vida – dediquei-me à Fisiologia, embora esta estivesse, na época, muito limitada à Histologia. Nessa época eu já tinha sido aprovado em todos os exames de medicina, mas não tinha interesse em qualquer atividade médica, até que o professor que tanto respeitava me advertiu que, tendo em vista meus poucos recursos, dificilmente poderia fazer uma carreira acadêmica. Assim passei da Histologia do sistema nervoso para a Neuropatologia e, depois, sob novas influências, comecei a interessar-me pelas neuroses. No entanto, não penso que a ausência de autêntico temperamento médico tenha causado muitos prejuízos a meus pacientes. Não é muito vantajoso para os pacientes que o interesse terapêutico de seus médicos tenha ênfase emocional muito marcante. São mais ajudados se o médico realiza sua tarefa de maneira fria e, na medida do possível, com precisão.

Essa síntese indica as várias etapas do desenvolvimento do estudante, e Jones conseguiu indicar todas as suas minúcias. Em primeiro lugar, Freud prolonga o seu curso, e obtém o diploma três anos depois do período que seria normal. Isso se explica, em parte, pelo fato de, como se viu acima, não ter interesse direto pela medicina; além disso, deseja frequentar cursos não obrigatórios, como os de Filosofia, ministrados por Brentano. No entanto, a razão fundamental para essa demora deve ser encontrada no interesse que Freud tem pela pesquisa. O seu primeiro trabalho publicado estava no campo da Zoologia: era uma investigação sobre os testículos da enguia. Esse interesse pela Zoologia logo será superado pela pesquisa no laboratório de Fisiologia, realizada sob a direção de Brücke que, como se viu no seu trecho de autobiografia, despertou a admiração e a fidelidade de Freud. Nesse laboratório permanece por seis anos, e aí publica vários trabalhos, o primeiro dos quais em 1877, sobre a medula espinhal de uma espécie de peixe, quando tinha 21 anos de idade.

Sob certos aspectos, a influência de Brücke foi permanente na formação científica de Freud. Tem importância, para a compreensão do esquema teórico que será elaborado por Freud, lembrar os princípios que aprendeu no laboratório de Brücke. Este, como Du Bois-Reymond e Hermann Helmholtz, procurava eliminar as concepções vitalistas da biologia; por isso, procura explicar a Fisiologia através de forças físicas que estabelecem equilíbrio dinâmico. Mais importante ainda, para o desenvolvimento da psicanálise, foi a aceitação do princípio do determinismo, e a tentativa de afastar o pensamento teleológico. Embora o princípio de determinismo seja nítido em toda a teoria psicanalítica, o mesmo não se pode dizer a respeito do afastamento da teleologia. Como se verá na discussão da teoria psicanalítica, a ideia de instinto é nitidamente teleológica, isto é, supõe um objetivo que o organismo procura atingir.

Sai do laboratório em 1882, quando fica noivo de Martha Bernays. A explicação para isso deve ser procurada na peculiar organização, nessa época, do ensino austríaco e alemão. Os assistentes mais jovens não tinham remuneração, e sua possibilidade de chegar à cátedra dependia naturalmente da idade do catedrático. Não se pensava na possibilidade de ampliar os quadros, a fim de aproveitar pessoas de mais valor. Apesar disso, depois de obter o título de livre-docente – que Freud conseguiu em 1885 –, o assistente tinha o direito de dar cursos na Universidade, também sem remuneração. Quando se vagava uma cátedra – por aposentadoria ou morte – o governo nomeava um catedrático, escolhendo um livre-docente. A não ser no caso de o candidato à cátedra ser muito mais jovem que o catedrático, a pessoa só poderia manter-se na vida universitária se tivesse recursos pessoais, ou se fizesse voto de pobreza – e ainda assim, é evidente, precisaria de um mínimo de recursos para manter-se. Como Freud não tinha recursos, e tinha ainda a desvantagem de pertencer ao grupo judaico, não poderia ter qualquer aspiração à cátedra de Fisiologia;

além disso, Brücke tinha assistentes mais antigos que Freud. Portanto, é surpreendente que Freud tenha ficado tanto tempo nessa situação, sem qualquer perspectiva para o futuro, e sem cuidar de uma atividade remunerada. Isso se torna ainda mais notável quando se recorda que era muito pobre, e que a família de sua mãe precisava ajudar Jacob Freud. Aparentemente, duas razões explicam esse estranho comportamento. Em primeiro lugar, Freud tinha efetivamente um grande interesse teórico, que não diminui quando sai do laboratório de fisiologia, e que irá manifestar-se na criação de psicanálise, bem como, em menor escala, em seus estudos de arqueologia, arte ou literatura. Em segundo lugar, Freud não sentia qualquer segurança no exercício da medicina, e esse sentimento só desaparecerá quando começar a empregar o método psicanalítico.

De qualquer modo, aos 26 anos, Freud sai do laboratório de Brücke e passa a trabalhar no hospital, a fim de adquirir prática no exercício da medicina, encontrar um meio de vida, e casar-se com Martha Bernays.

Noivado e casamento

Em 1882, Freud tem 26 anos e, excluída sua paixão silenciosa por Gisela, sua vida afetiva era um livro em branco. Em parte, isso poderia ser explicado pelo fato de ser pobre e não ter qualquer perspectiva de casamento; mesmo depois de formado, só poderia iniciar o exercício da profissão se tivesse um pequeno capital para instalar-se no interior, ou esperasse alguns anos, até conseguir renome suficiente em Viena. A alternativa seria, evidentemente, casar-se com moça rica, o que tornaria dispensável até o exercício da profissão. A não ser nesta última hipótese, não poderia casar-se antes. Apesar disso, é indiscutível a pobreza da vida afetiva de Freud, pois uma fase da juventude que costuma ser de grandes conflitos e de descoberta das pessoas do outro sexo, para Freud parece ter sido um período tranquilo, pelo menos sob esse aspecto, e de preocupações exclusivamente intelectuais. Pelo menos para Freud, foram válidas a ideia de sublimação e a de um período de latência, entre a infância e a vida adulta.

De qualquer modo, em 1882 encontra Martha Bernays – que estava visitando suas irmãs – e se apaixona imediatamente por ela. Martha era também de família pobre, e os noivos precisaram esperar quatro anos pelo casamento. Só depois da morte de Freud foi possível ler mais de novecentas cartas à noiva, e Jones pôde usá-las em sua biografia do fundador da psicanálise. Posteriormente, Ernst L. Freud, filho de Freud, publicou algumas delas (*Letters...*, 1961) e outro filho, Martin Freud, descreveu sua vida familiar (Freud, M. *Freud Man and Father*, 1958). Através desses elementos, é possível tentar uma visão global da vida afetiva de Freud.

No namoro e no noivado com Martha, Freud percebe que uma de suas dificuldades decorre do fato de, até esse momento, não se ter interessado pelo outro sexo; embora fosse muito sociável, tinha apenas homens como amigos, e não procurava o convívio das moças. Tanto foi assim, que apenas no dia em que encontra Martha conversando com as irmãs deixa de ir diretamente para o quarto de estudos. Martha, ao contrário, era sociável e atraente, e tinha pelo menos dois romances – o que constituirá uma fonte de sofrimento e desespero para Freud. Com a sua irresistível necessidade de analisar os sentimentos e as relações entre as pessoas, percebe imediatamente que Martha estava diante de rapazes mais atraentes do que ele, e por isso impõe à namorada um rompimento formal com os dois possíveis rivais. A partir desse momento, não parece difícil perceber o que ocorreu: embora essa imposição pudesse parecer desagradável para Martha, não se deve esquecer que, embora possa conter um aspecto negativo, o ciúme contém um aspecto muito positivo, pois é, para a maioria dos namorados, uma prova de interesse real. Mas o exclusivismo de Freud não se contenta em afastar os possíveis namorados; logo depois, passa a exigir que Martha se oponha à família (sobretudo à mãe e ao irmão) e aceite, integralmente, suas opiniões e sua maneira de viver. Neste caso, Martha se salva pelo seu bom-senso, pois consegue aplacar o furor de Freud e este acabará por aceitar a sogra e o cunhado.

Depois dessa paixão de quatro anos, o casamento, realizado em 1886, parece inaugurar um período não só de calma afetiva, mas até de desinteresse de Freud pela mulher. Erich Fromm (1965), por exemplo, baseia grande parte de sua interpretação de Freud nesse contraste entre a tempestade amorosa do noivado e a calma dominical do matrimônio. Para Fromm, essa seria uma prova do patriarcalismo de Freud: uma vez conquistada, a mulher perderia todo interesse e toda atração, sendo relegada às funções de dona de casa e mãe dos filhos, dentro da melhor tradição alemã. Embora a interpretação de Fromm possa ter um fundo de verdade, uma apreciação correta desse aspecto da vida de Freud deve levar em conta várias circunstâncias totalmente esquecidas por Fromm. Em primeiro lugar, o fato de Freud ter vivido longe da noiva e de ser um incansável escritor é que nos permite documentar uma fase da vida que, na maior parte dos casos, permanece em segredo entre duas pessoas. Além disso, a distância em que viviam deve ter contribuído para acentuar o aspecto "romântico" do noivado e aumentar a diferença entre namoro e casamento. Em outras palavras, não é fácil dizer se, com a mesma documentação que possuímos a respeito de Freud, não teríamos uma imagem muito semelhante de outros casamentos tranquilos, posteriores a um noivado de arrebatamento e paixão.

Uma segunda conclusão de Fromm parece menos discutível: Freud parece ter tido pouco interesse pela vida sexual, ou pela expressão direta do sexo. E isso não se observa apenas depois do casamento, mas, como foi indicado antes, pode ser verificado no fato de não ter tido os namoros comuns na adolescência. Mas ainda aqui seria possível fazer uma pergunta de outra natureza, e tentar saber até que ponto Freud e Martha refletem, nesse aspecto do comportamento, um padrão judaico de monogamia e pouca expressão do impulso sexual. Está claro que as afirmações são aqui muito perigosas e arriscadas; apesar disso, não parece despropósito supor que, assim como aceitou os padrões judaicos de valorização da vida intelectual e desvalorização da atividade física, Freud aceitaria também, ainda que inconscientemente, os severos padrões de comportamento sexual da comunidade judaica.[1]

Finalmente, há uma observação que não se deve esquecer nessa análise: alguns anos depois do casamento, Freud tem uma acentuação de suas crises neuróticas, e isso deve ter contribuído para o que parece, à distância, a frieza de sua vida afetiva, o enfraquecimento de seu interesse sexual.

Evidentemente, esse problema só se transformou em "matéria discutível" porque sua viúva conservou as cartas de noivado, Jones pôde utilizá-las na biografia, as cartas que escreveu a Fliess foram casualmente encontradas e Freud utilizou alguns de seus sonhos para interpretação. Essas coincidências fazem com que tenhamos, a seu respeito, uma informação íntima de que não dispomos em outras biografias da mesma época. E, de outro lado, o fato de esse homem ter revelado a importância do sexo para a vida humana, e ter sido condenado por isso, torna mais estranho o seu aparente desinteresse.

Essas observações não negam um contraste indiscutível entre o Freud jovem e o Freud maduro, entre o entusiasmo de um e o humor desencantado do outro. Essa aparente contradição constitui o núcleo da personalidade de Freud e para ela não temos uma explicação satisfatória. Podemos supor, como Jones,

---

[1] Para o caso da comunidade judaica da Europa Oriental – a *shtetl* – temos a reconstrução oferecida por *Life is with people* (Zborowski; Herzog, 1953). Embora essa análise seja válida para comunidades tradicionais e mais ou menos isoladas de grupos cristãos, não se deve esquecer que a família de Freud emigrou de uma cidade pequena para Viena, e que a família de Martha seguia o severo judaísmo ortodoxo.

que a autoanálise foi a fase final da evolução da sua personalidade e que daí surgiu o Freud sereno, capaz de realizar sua obra. (Jones, 1956a, p.320) Podemos supor, também, que a criação da psicanálise e a reação acadêmica tenham marcado profundamente a sua visão do mundo e dos homens. Finalmente, podemos imaginar uma contradição insuperável nos valores aceitos por Freud – de um lado, a sua revolta contra os padrões existentes em sua sociedade e, de outro, a sua aceitação desses mesmos valores – e supor que essa contradição impedisse qualquer aceitação entusiasta de um programa progressista ou otimista. Esse aspecto será discutido mais adiante; aqui é indicado para sugerir que o pessimismo de Freud pode ter uma raiz social, e não estritamente individual.

Do casamento de Freud sabemos que durou 53 anos, e que o casal teve seis filhos: Jean Martin, Oliver, Ernst, Matilde, Sophie e Anna. A reconstrução de Jones, as cartas a Fliess e o livro de Martin Freud nos permitem ter uma ideia muito clara da vida doméstica de Freud. Depois do nascimento dos seis filhos, a cunhada de Freud, Minna Bernays, foi morar com o casal. Usualmente, além dessas nove pessoas, a casa abrigava ainda uma cozinheira, uma copeira, uma governanta para as crianças maiores, uma pajem para as pequenas, e uma empregada encarregada da limpeza. Freud frequentava diariamente o barbeiro o que, como o lembra Jones, num homem que usava a barba grande, indicaria um extremo cuidado com a aparência pessoal. Martin Freud conta que o pai só visitava os doentes em carruagem de dois cavalos, aparentemente porque o emprego de veículo mais modesto representaria uma queda de posição diante dos clientes e dos colegas. Pelas cartas de Freud, vemos também que desde muito moço tinha um alfaiate generoso, capaz de aceitar indefinidos adiamentos das prestações.

Esses dados parecem absurdos, quando se recorda o fato de Freud ter tido grandes dificuldades econômicas. Na realidade, têm uma lógica que não escapa ao leitor atual: ainda que não tivesse o que comer, ou precisasse viver endividado, o profissional liberal devia manter um padrão externo de classe alta, pois somente assim conseguiria ser aceito por esta. Afinal, era na classe média superior e na classe alta que os médicos encontravam clientes, e não podiam aparentar a sua participação em classe inferior.

Esse não é o único artificialismo desse período. Há uma carta de Freud, dirigida à noiva, em que percebemos nitidamente a sua impossibilidade de sequer escrever a palavra "perna" (que parece ter sido uma das grandes indecências para a Europa vitoriana). Martin Freud, em seu livro de memórias, diz que, embora tenha vivido sempre com a tia (Minna Bernays), é incapaz de pensar nela como uma pessoa com pernas. E o mesmo Martin Freud nos conta que quando o pai, durante uma excursão, teve uma vertigem, a maior liberdade que se permitiu foi desabotoar o colarinho, isto é, não chegou sequer a tirar o paletó.

No entanto, não é esse aspecto que mais chama a atenção na vida diária de Freud, mas a sua extraordinária capacidade de trabalho. O seu ritmo pode ser descrito da seguinte maneira: trabalho das 8 da manhã até 8 ou 9 da noite, com intervalos para almoço e jantar. O intervalo do jantar é maior e inclui um passeio a pé. É depois de atender o último cliente que Freud vai para o escritório, a fim de estudar e escrever. Isso o ocupa até de madrugada (segundo Martin Freud, até 3 da manhã). Além disso, Freud tem uma correspondência vastíssima: Ernst Freud diz que conseguiu colecionar quatro mil cartas, mas isso é apenas parte de milhares de cartas que escreveu. Ainda segundo Ernst Freud, as cartas eram escritas nos intervalos entre um cliente e outro. Não se deve esquecer que os problemas práticos da Associação Internacional de Psicanálise e das edições de trabalhos dos psicanalistas eram também complexos e constantemente exigiam sua atenção. Apesar disso, Freud nunca foi pessoa isolada: além de seus cuidados com a mãe (que morreria com 95 anos de idade) e as irmãs, tinha um círculo relativamente grande de amigos – não psicanalistas – com os quais conversava e jogava cartas.

O ritmo de trabalho era interrompido nos meses de verão – de julho a setembro – quando passava férias com a família, geralmente nas montanhas dos Alpes. Também aqui Fromm deformou um pouco a realidade, pois dá a impressão de que Freud abandonava a família e ia "fazer turismo" com algum amigo, ou com a cunhada (Minna Bernays). A verdade parece ser que Freud teve, durante toda a vida, a paixão da viagem e dos lugares que ainda não conhecia (a sua paixão por Roma, por Paris e pela Inglaterra foi comentada, sob vários ângulos, pelos seus biógrafos). Gostava também de longas excursões a pé, nas quais frequentemente era acompanhado pelos filhos maiores. A sua mulher, aparentemente, não gostava dessas excursões – e no caso das excursões a pé, pelas florestas e pelos morros, as roupas femininas da época, segundo lembra Martin Freud, impediam que as senhoras acompanhassem os homens e as crianças.

Em resumo, a vida familiar de Freud pode ser descrita como tranquila e ajustada aos padrões da época que viveu. Realmente, não é o ângulo através do qual possamos descobrir os elementos de que Freud se valeu para criar a psicanálise. Os depoimentos a respeito de sua vida – sobretudo o de Martin Freud – são insatisfatórios exatamente porque nos revelam o seu aspecto mais superficial. Saber que Freud não gostava de galinha e não tolerava couve-flor; que não suportava telefone; que, na velhice, gostou de criar cães; que era um pai afetuoso e dava o máximo de liberdade aos filhos; que fumava charutos; que não gostava de música e não tolerava piano; que deitava tarde e levantava cedo; que gostava de colecionar pequenas obras de arte, sobretudo as mais antigas – tudo isso parece não ter muita significação para as suas teorias. Certamente, o nosso interesse por esses aspectos é apenas uma expressão da curiosidade que desperta a vida dos grandes homens. Mas sua grandeza não está aí; ao contrário, deve ser procurada naquilo que os tornou grandes homens. No caso de Freud, na criação da psicanálise.

Referências bibliográficas

FREUD, E. L. (Ed.). *Letters of Sigmund Freud*. Londres: The Hogarth Press, 1961.
FREUD, M. *Freud Man and Father*. Nova York: The Vanguard Press, 1958.
FREUD, S. Obras Completas. v. I e II. Trad. Luiz López-Ballesteros y de Torres. Madri: Biblioteca Nueva, 1948.
_____. Obras Completas. v. III. Trad. Ramon Rey Ardid. Madri: Biblioteca Nueva, 1968.
FROMM, E. *Missão de Freud*. Rio de Janeiro: Zahar, 1965.
JONES E. *The Life and Work of Sigmund Freud*: The Formative Years and the Great Discoveries 1856-1900, v.1, 18 imp. Nova York: Basic Books, 1956a.
_____. *The Life and Work of Sigmund Freud*: Years of Maturity 1901-1919, v.2, 3 imp. Nova York: Basic Books, 1956b.
_____. *The Life and Work of Sigmund Freud*: The Last Phase 1919-1939, v.3. Nova York: Basic Books, 1957.
RIEFF, P. *Freud*: The Mind of Moralist. Nova York: The Viking Press, 1959.
SACHS, H. *Freud Master and Friend*. Cambridge: Harvard University Press, 1944.
WYSS. D. *Depth Psychology a Critical History*: development, problems, crises. Londres: George Allen & Unwin, 1966.
ZBOROWSKI, M.; HERZOG, E. *Life is With People*: the Jewish Little Town of Eastern Europe. Nova York: International Universities Press, 1953.

3
Freud: o sistema

Como a psicanálise foi, inicialmente, um método de tratamento de doenças mentais – sobretudo das neuroses – convém recordar as ideias anteriores a respeito do assunto, pois só assim poderemos compreender a real contribuição de Freud, bem como as razões para a oposição acadêmica que enfrentou.

Pelo que se sabe, as doenças mentais – tanto as psicoses como as neuroses – sempre existiram em todas as culturas humanas. A grande diferença entre as culturas se estabelece na maneira de tratar os doentes ou distinguir as várias formas de doença mental. Em algumas culturas primitivas, certas formas de doença mental eram interpretadas como intervenção divina e seus portadores eram venerados. Em outros casos, ou outras culturas, os doentes eram temidos e podiam ser mortos. A principal crença ligada a esses doentes referia-se à presença de "demônios" ou "maus espíritos" que deviam ser perseguidos ou eliminados. Nem parece difícil compreender a base objetiva para essa crença no sobrenatural. Se o doente não se comporta como os outros, se às vezes esquece a sua vida anterior, se apresenta temores ou crenças diversas das aceitas pelos seus semelhantes, não seria difícil julgar que um outro espírito – diverso do seu – tivesse invadido o seu corpo, dominado os seus sentimentos e pensamentos. Também não parece difícil compreender que às vezes se pensasse em bons, às vezes em maus "espíritos". Se o homem primitivo – como o homem moderno, em seus momentos menos científicos – admite a onipotência do pensamento, compreende-se que se atemorizasse diante de quem anunciava percepções ou acontecimentos estranhos; não admira, também, que pudesse venerar alguns doentes mentais, exatamente aqueles que poderiam prometer uma outra vida, ou acontecimentos extraordinários para o futuro.

A essa percepção do estranho ou sobrenatural corresponde também uma medicina que procura armas sobrenaturais. De outro lado, a medicina primitiva e a medicina popular de nossos dias também utilizam explicações e recursos sobrenaturais. No entanto, podemos usar uma hipótese de Malinowski para estabelecer a diferença: o homem primitivo utiliza a magia quando enfrenta uma situação que escapa ao seu controle. (Malinowski, 1948, p.1-71) A distinção de Malinowski – aparentemente válida para outros grupos, e não apenas para os chamados primitivos – permite compreender que o tratamento da doença física possa se libertar mais facilmente de processos mágicos. Como o lembra Zilboorg (1941, p.21) a doença física forçosamente levaria a um processo natural de tratamento, mesmo porque o doente identifica sua situação e pede auxílio; no caso da doença mental, é mais provável que o doente não identifique sua situação. Além disso, a doença física tem frequentemente um aspecto visível (é o caso do ferimento) e esse aspecto exige um processo também físico de tratamento. O fato de a medicina lidar com um acontecimento inevitável, mas imprevisível, praticamente exige – quando se lembra a observação de Malinowski – que continue com uma carga muito grande de magia. Mas essa carga é, pela mesma razão, muito maior na doença mental do que na doença física.

Deve-se ainda observar que o medo provocado por certas doenças – e a lepra seria o exemplo mais notável disso – deve ser mais acentuado no caso das doenças mentais. Essa é outra razão para que tenham permanecido por mais tempo no domínio da feitiçaria, da perseguição religiosa, da maldição sobrenatural. Para a mentalidade popular, ainda hoje é mais difícil ter uma atitude naturalista diante da doença mental.

Por isso, quando se pensa na história das concepções das doenças mentais, essa sequência temporal tem sentido apenas para o grupo intelectual. Os leigos e as camadas populares – apesar de toda a divulgação psicológica e psicanalítica dos últimos anos – frequentemente continuam presos a explicações e tratamentos através de recursos ao sobrenatural. E mesmo certos processos integrados na ciência – como o hipnotismo e as várias formas de sugestão – continuam a ser explicados, popularmente, através de noções sobrenaturais.

O que distingue a história da psicologia médica de algumas concepções atualmente aceitas pelos leigos é o nível dos grupos que exprimem concepções muito próximas. Em outras palavras, a ideia de domínio pelo demônio pode ser encontrada na Idade Média e no século XX, praticamente à nossa porta. A diferença é que na Idade Média os cientistas e as autoridades religiosas aceitavam a presença do demônio, enquanto que essa ideia é hoje mantida quase que exclusivamente pelas pessoas sem informação científica, embora, como se verá ao tratar de Jung, essa afirmação precise ser feita com restrições.

Se lembramos essas distinções, será mais fácil entender as grandes fases da psicologia médica, da Idade Média até o século XIX. Parece que durante grande parte da Idade Média europeia, embora os doentes mentais fossem considerados como "possuídos pelo demônio", o tratamento a eles dispensado não era cruel: eram tratados com exorcismos, seja sob a forma de rezas, seja sob a forma de remédios. Zilboorg, por exemplo, pôde encontrar rezas destinadas a curar histeria – explicada como resultante do movimento do útero; pôde encontrar, também, prescrições para a ingestão de vinho que, depois de lavar objetos santos, poderia provocar a expulsão do demônio. Ao resumir a situação, diz o mesmo Zilboorg que se cristalizou a ideia de que as doenças físicas seriam naturais, enquanto quase todas as doenças mentais seriam sobrenaturais. Daí a necessidade de distinguir uma doença natural de uma doença sobrenatural. Por exemplo, lia-se uma passagem da Bíblia diante de um paciente com convulsões. Se o paciente reagisse, a doença seria sobrenatural, pois as palavras bíblicas teriam assustado o demônio; se o paciente não apresentasse reação, sua doença seria natural (Zilboorg, 1941, p.21).

No entanto, é no século XV que, diante da renovação cultural, as forças conservadoras se sentirão obrigadas a medidas de combate: é nessa época que o mágico, o feiticeiro, o herético e o psicótico começam a ser vistos como escravos do demônio. Como exemplo dessa nova mentalidade, Zilboorg cita o livro *Malleus Maleficarum – O malho das bruxas* – de Johann Sprenger e Heinrich Kraemer, publicado originalmente entre 1487-1489. O livro, que teve numerosas edições no século seguinte, foi aceito pela Santa Sé, por Maximiliano, rei de Roma e pela Faculdade de Teologia de Colônia. Seus princípios parecem lógicos e suas conclusões são aterrorizantes:

> A crença no livre arbítrio do homem é aqui levada à sua conclusão mais terrível, embora também mais absurda. O que quer que o homem faça – ainda que seja vítima de uma doença que perverte suas percepções, imaginação e funções intelectuais – utiliza seu livre arbítrio; é voluntariamente que se submete aos desejos do Demônio. Este não engana o homem; é o homem que decide submeter-se ao Demônio, e deve ser responsabilizado por essa livre escolha. Precisa ser punido; precisa ser eliminado da comunidade. Mais ainda, a sua alma, aprisionada pecaminosamente no corpo pela vontade corrupta e criminosa, precisa ficar livre outra vez; *precisa* ser libertada. O corpo deve ser queimado. (Zilboorg, 1941, p.142-3)

Essa era a explicação lógica para que o auto da fé não fosse visto com horror pelos juízes ou pelos espectadores. Mas o fato de que o demônio tivesse nítida preferência por aspectos sexuais e agressivos da perdição – ou, em nossa linguagem atual, o fato de os juízes terem tanta preocupação em descobrir o conteúdo sexual do comportamento de suas vítimas – é uma indicação importante sobre os juízes, não sobre os doentes. O fato de essa "caça às bruxas" surgir no momento em que poderosas forças de renovação ameaçavam destruir a ordem estabelecida é indicação preciosa para a psicologia social. Mostra como a explicação psicológica pode ser utilizada pelo grupo conservador a fim de evitar uma discussão realista de problemas concretos.

Se acompanhamos a descrição de Zilboorg, veremos que, apesar de todo o progresso realizado nos séculos XVI, XVII e XVIII, a caça às bruxas foi processo tenaz e duradouro: na Alemanha, a última bruxa decapitada foi Anna Maria Schwägelin, executada em março de 1775; na Suíça, a última vítima foi executada em junho de 1782.

Esse período trágico sugere ainda duas observações. A primeira refere-se à perseguição às mulheres: com base, provavelmente, na história bíblica de Adão e Eva, as mulheres é que são responsabilizadas pelos entendimentos com o demônio; elas são as grandes vítimas das fogueiras purificadoras, dos rituais ultrajantes armados por pessoas doentes que projetam no ambiente os seus conflitos e seus desejos pecaminosos. A segunda observação refere-se à existência simultânea – nos séculos XVI, XVII e XVIII – de formas antagônicas de explicação da realidade. No mesmo momento em que, em nome da purificação, se queimam bruxas, assistimos ao aparecimento e ao desenvolvimento da ciência moderna. A coexistência se explica, em parte, pelo fato de o progresso científico referir-se exclusivamente às ciências da natureza, quase nunca às ciências humanas. Estas continuaram submetidas a uma forma de pensamento que de há muito tinha sido abandonada no estudo da natureza. Como se procurará sugerir mais adiante, essas duas formas de explicação continuaram a opor-se e, no pensamento de Freud, bem como no dos seus opositores, não é difícil ver o choque entre uma "interpretação naturalista" e uma "interpretação psicológica".

Se utilizamos os nossos conhecimentos atuais, já no século XVIII podemos perceber o conflito entre essas duas maneiras de pensar. Aqui, esse choque será estudado através de Mesmer, porque este apresenta um claro exemplo de explicação "física" para fenômeno "psicológico"; além disso, os debates provocados pelo mesmerismo continuarão por muito tempo: os seus reflexos chegarão até os fins do século XIX e talvez estejam na base de alguns dos processos hoje discutidos no campo da parapsicologia.

Friederich Anton Mesmer (1734-1815) teve uma carreira brilhante e agitada. Começou seus estudos em Viena, onde em 1766 recebeu o título de doutor em medicina, com uma tese sobre "A influência dos planetas na cura de doenças", na qual "procurava demonstrar que os corpos celestes influem nos seres vivos, através de um fluido sutil". Este magnetismo foi por ele denominado magnetismo animal, porque tinha efeitos semelhantes ao magnetismo mineral, tal como este era então entendido. Em Viena, demonstrava o magnetismo animal em pessoas doentes, através do emprego de instrumentos magnéticos de aço. Logo descobriu que os efeitos de cura poderiam ser obtidos sem magnetos. Disso inferiu que as propriedades magnéticas estavam em seu corpo e poderiam ser transmitidas a outros. (Sarbin, 1962, p.750)

As suposições de Mesmer parecem inteiramente naturalistas: segundo ele, haveria um fluido que, ao entrar no corpo de uma pessoa que não estivesse em equilíbrio, provocaria uma crise e esta, por sua vez, permitiria o reequilíbrio magnético e o desaparecimento dos sintomas (ibidem, p.754). Estas suposições serão tomadas ao pé da letra pelas comissões científicas, encarregadas de verificar a veracidade dos processos empregados por Mesmer. Como não verificam a existência do magnetismo, rejeitam toda a sua teoria.

Ora, os resultados terapêuticos obtidos por Mesmer decorriam da relação que se estabelecia entre o paciente e o médico. Todavia, como nem Mesmer nem as comissões científicas que procuraram examinar seu trabalho tinham recursos para entender a atuação desses fatores psicológicos, as suas afirmações seriam forçosamente classificadas como charlatanismo. Será essa a acusação lançada a todos os que, durante grande parte do século XIX, fizeram reviver o mesmerismo. Muitos deles eram, evidentemente, leigos, e muitos terão sido charlatães. Mas isso não pode ser dito a respeito de todos os que, durante o século XIX, se interessaram pelo que na época se denominava magnetismo animal. Entre eles estava, por exemplo, John Elliotson (1791--1868), professor universitário de medicina, em Londres, e que em 1829 começou a aceitar o mesmerismo. Segundo Bromberg (1963, p.176-77), Elliotson era realmente espírito inovador, e já se responsabilizara pelo uso – em Londres – do estetoscópio, invenção recente; já desprezara o uso da roupa tradicional dos médicos. Apesar disso, ou quem sabe se por isso mesmo, era admirado pelos alunos. Mas a aceitação do magnetismo animal parece ter sido ousadia excessiva: Elliotson foi obrigado a abandonar o magistério e o "mesmerismo" foi proibido no hospital. Impedido de publicar seus trabalhos na revista oficial de medicina, organizou outra, na qual durante treze anos publicou os resultados do mesmerismo (ibidem, p.177).

Foi nessa revista (denominada *Zoist*), que um cirurgião, Dr. James Esdaíle, publicou o relatório de mais de duzentas operações realizadas com anestesia "mesmérica". Embora pudesse comprovar a veracidade de seu trabalho, as outras revistas de medicina recusavam-se a publicar tais estudos. Não foi diferente a sorte de outro cirurgião, Dr. Ward, que em 1842 relatou uma amputação de perna realizada com anestesia "mesmérica". Diante dessa prova, houve quem afirmasse que o paciente teria simulado a anestesia e que, se isso não fosse verdade, a dor fazia parte do processo de cura. Portanto, não deveria ser evitada.

Em todos esses casos, o julgamento mais fácil seria dizer que os acadêmicos da época, presos a seus esquemas de explicação, eram incapazes de aceitar um novo método de tratamento. E, sem dúvida, isso deve ter contribuído para a oposição ao mesmerismo ou magnetismo animal. Mas a ciência oficial da época tinha uma outra razão para opor-se à novidade: o medo de aceitar uma teoria que representasse uma volta à explicação sobrenatural. Se os mesmeristas explicavam os seus resultados através do magnetismo, e se este não podia ser comprovado objetivamente, não estariam recolocando a medicina sob a capa do sobrenatural e do misticismo?

Por isso, nessa história tem muita importância a contribuição de outro médico inglês, James Braid. Tal como Elliotson, Braid impressionou-se com algumas demonstrações de mesmerismo. Mas, ao contrário do que ocorreu com Elliotson, Braid não aceitou o esquema do mesmerismo: convencido da inexistência do magnetismo animal, propôs, em livro publicado em 1843, uma teoria que explicava o fenômeno através do paciente, e não através de um fluido magnético. A ele devemos os termos ainda hoje empregados – hipnotismo, hipnose e hipnotizar – na descrição dos processos até então atribuídos ao magnetismo. E, vale a pena observar, um dos que se opõem a Braid é exatamente Elliotson, ainda preso às teorias anteriores. De qualquer forma, Braid obteve a hipnose – isto é, sono controlado do paciente – através da fixação da atenção num objeto brilhante. Também confessava não entender o que ocorria em seus pacientes; não admitia que tivesse qualquer poder pessoal para hipnotizar. No entanto, se Braid parece ter dado um passo decisivo para a respeitabilidade científica da hipnose, a conquista quase definitiva dessa respeitabilidade coube a Jean Martin Charcot (1825-1893), A. A. Liébault (1823-1904) e Hippolyte Bernheim (1837-1919).

Desses, foi talvez Charcot quem se tornou mais conhecido, sobretudo pelas suas demonstrações no hospital da Salpêtrière

(Paris). Segundo se diz, não era Charcot quem hipnotizava, mas os seus assistentes (cf. Foulquié, 1960); em todo caso, era ele o grande expositor e sistematizador, e sua clínica se transformou num centro de convergência de psiquiatras de vários países europeus. Charcot trabalhava com histéricos e a ele devemos a descrição de três estágios da ação hipnótica: letargia, catalepsia e sonambulismo; a ele devemos também, se não a descoberta, ao menos a comprovação de que a histeria não é privilégio feminino.

O que surpreende o leitor de hoje é saber que com a morte de Charcot (1893) desaparece também a sua escola. Em parte, poder-se-ia dizer que essa escola foi mantida apenas pela personalidade de Charcot; em parte, também, seria possível dizer que a criação da psicanálise representou uma forma de efetivamente superar o tratamento pela hipnose. Mas o golpe decisivo na escola da Salpêtrière parece ter sido dado pela chamada escola de Nancy, principalmente por Bernheim. Segundo este, os sintomas observados por Charcot resultavam da sugestão apresentada pelo clínico ao hipnotizado.

A contribuição duradoura de Bernheim à psicologia – e que será reencontrada em várias tendências da psicologia e, sobretudo, da psicologia social – reside nesse conceito de sugestão. Através dele, Bernheim pôde estabelecer a ligação entre o normal e o patológico; por isso, pôde afirmar, também, que o hipnotismo era uma intensificação da sugestão normal; "não existe hipnotismo; tudo é sugestão" (Bromberg, 1963, p.185). Basta um pouco reflexão para perceber o alcance da teoria de Bernheim. Em primeiro lugar – na linha de Braid – dá o golpe definitivo na teoria do magnetismo animal e encontra recursos para a explicação "psicológica" de fenômenos conhecidos desde Mesmer, mas para os quais não havia um esquema correto de interpretação. Em segundo lugar, a sua teoria apresenta uma advertência contra os perigos da credulidade do cientista ou do clínico: o conteúdo descoberto no paciente pode ter origem na indicação apresentada pelo hipnotizador ou pela situação em que o doente está colocado. Essa, como se viu acima, foi a crítica apresentada às demonstrações de Charcot.

Apesar da nova posição em que os estudos de Charcot e Bernheim colocavam o hipnotismo, este estava muito longe de ter obtido reconhecimento universal. Sobretudo na Inglaterra, na Alemanha e na Áustria, os trabalhos de Charcot sobre o hipnotismo continuavam a ser vistos com desconfiança e reserva[1]. Isso explica, em parte, a fria recepção dada a Freud quando, depois de seu estágio na clínica de Charcot, fez uma conferência na Sociedade Médica de Viena, descrevendo aquilo que lá pudera observar (ibidem, p.229. Cf. Freud, *Autobiografia*, p.924).

Na verdade, não parece impossível descobrir as razões para a desconfiança. Em parte, esta decorria da acusação de charlatanismo que continuava a pesar sobre a hipnose; de outro lado, resultava do fato de os médicos e cientistas procurarem um fundamento fisiológico – no sistema nervoso – para aquilo que o psicólogo podia observar em normais e anormais[2]. Para aqueles que têm uma formação fisiológica, o fenômeno psicológico, se desligado do sistema nervoso, parece inexplicável. Em outras palavras, aquilo que é observado no nível do comportamento deve corresponder a uma observação no sistema nervoso. A razão disso é clara: admitir um fenômeno psicológico que não decorra

---

1 E. Jones, 1956, v.1, p.226-7. Cf. Freud, *Autobiografia*, 1925: depois de dizer que a palidez da pessoa hipnotizada o convenceu da autenticidade do processo, diz que "a mesma opinião tinha sido apresentada por Heidenhaim, (...) o que não impediu que os professores de psiquiatria continuassem afirmando que o hipnotismo era uma farsa perigosa (...)" p.925.

2 Em sua nota a respeito de Charcot, escrita por ocasião da morte deste último, Freud conta um aspecto dessa oposição entre a explicação fisiológica e os fatos psicológicos. Quando os estudantes disseram que as descrições clínicas de Charcot eram contrárias às teorias fisiológicas, Charcot respondeu: "Tanto pior para a teoria. Os fatos clínicos têm primazia". E acrescentou: "É bom ter uma teoria. Mas ela não impede que os fatos existam". (Freud, 1948, p.18).

de um processo fisiológico corresponderia a supor que não há necessidade de relação entre comportamento e sistema nervoso. Esse problema é, na realidade, a versão moderna do antigo problema da relação entre corpo e alma: no momento em que a ciência eliminou – pelo menos como problema científico – a concepção de alma, precisava encontrar no corpo a explicação para o comportamento. Como se verá mais adiante, Freud de maneira alguma escapou a esse dilema e durante alguns anos procurou encontrar a relação entre os dois domínios. Só muito tempo depois é que, como outros psicólogos posteriores, convenceu-se de que a psicologia e a fisiologia não tinham ainda atingido um desenvolvimento que permitisse estabelecer essa relação. Para analisar a criação da psicanálise, no entanto, essa não é a única perspectiva de que precisamos. Só podemos compreender essa realização se ligarmos quatro caminhos trilhados por Freud: os estudos sobre a histeria, a relação fisiologia-psicologia, a autoanálise e a interpretação dos sonhos. Quando os quatro elementos se reúnem, nasce a psicanálise.

A relação com Breuer e os estudos sobre histeria

A versão tradicional para a criação da psicanálise imaginava que esta fosse uma consequência direta dos estudos sobre a histeria, realizados e publicados conjuntamente, por Freud e Josef Breuer (1842-1925). Hoje, depois da biografia escrita por Jones e da publicação das cartas a Fliess, sabemos que essa é apenas parte da história. Mas, curiosamente, é a parte divulgada por Freud em sua *Autobiografia* (1925) e na *História do movimento psicanalítico* (1914).

Na autobiografia, depois de contar sua viagem a Paris e a apresentação de seus resultados à Sociedade Médica de Viena, enumera os recursos de que dispunha para o tratamento de nervosos: tinha apenas a eletroterapia e a hipnose, pois, comenta com sarcasmo, "mandar o paciente para uma estação de águas, depois de uma única consulta, não constituía uma boa fonte de renda." (p.925). Rejeita a eletroterapia, pois se convence de sua inutilidade, e começa a utilizar o hipnotismo. Para aperfeiçoar essa técnica, diz Freud, foi a Nancy, onde passou várias semanas e pôde observar o trabalho de Liebault e Bernheim. Apesar disso, verifica duas deficiências na hipnose: nem todos os pacientes eram hipnotizáveis e, mesmo os que o eram, nem sempre atingiam uma hipnose tão profunda quanto a desejada pelo médico.

Há aqui um fato significativo, embora não totalmente compreendido. O fato de Freud não conseguir hipnotizar poderia ser deficiência sua – o que, diga-se de passagem, ele próprio chega a sugerir na *Autobiografia*. No entanto, Bernheim diz a Freud que seus grandes êxitos na terapia pela hipnose tinham sido obtidos com pacientes do hospital – pessoas de classe mais pobre e menos instrução – e não com os doentes da clínica particular. Portanto, seria normal que em sua clínica particular Freud também não conseguisse a mesma profundidade do sono hipnótico. Se pensamos no conceito de sugestão, empregado por Bernheim, talvez seja possível explicar essa diferença: quanto menor o nível de instrução do paciente e quanto maior a distância entre o hipnotizado e o hipnotizador, maior a possibilidade do efeito da sugestão. Na clínica particular, essa distância social e intelectual era menor; por isso, a hipnose não era tão fácil, nem tão profunda. Embora não tenha sido a única, essa foi uma das razões para que Freud abandonasse a hipnose.

No entanto, Freud afirma também que desde o início não utilizava a hipnose para a sugestão hipnótica, mas para que o paciente contasse – o que não poderia fazer durante a vigília – a origem dos seus sintomas. A diferença entre os dois processos parece bem nítida: na sugestão, o médico procura convencer o paciente de que não sentirá mais os sintomas; no segundo, supõe-se que o paciente deixará de apresentar o sintoma, desde que, durante o sono hipnótico, consiga exprimir o ato antes reprimido. Este método seria o catártico, isto é, que permite a expressão ou purgação do afeto. Em resumo, o método supunha que determinado afeto encontrava um caminho falso e assim mantinha o sintoma; se se conseguisse a sua expressão normal, o sintoma desapareceria.

Esse método tinha sido criado por Breuer; Freud, segundo sua autobiografia, tinha sido apenas um colaborador. A etapa seguinte, que seria a substituição da catarse pela psicanálise, é descrita por Freud da seguinte forma. Em primeiro lugar, havia o problema da origem do processo patológico. Segundo Breuer, os processos patológicos nasciam de "estados anímicos extraordinários" (seriam os estados "hipnoides"); segundo Freud, isso não era explicação, pois seria necessário dizer por que surgem os estados hipnoides e ele chega a formular a hipótese de "neuroses de defesa", isto é, a neurose resultaria de um jogo de forças, semelhante ao que encontramos na vida normal. Em segundo lugar, diz Freud que aos poucos percebeu que as "excitações afetivas" que provocavam a neurose não eram indistintas, mas se referiam sempre à vida sexual.

Na *História do movimento psicanalítico*, Freud lembra que alguns comentários de Breuer, Charcot e Chrobak poderiam orientá-lo para a importância do fator sexual na determinação da neurose. Em todos esses casos, havia referência à situação sexual como responsável pelos sintomas; no entanto, tratava-se de referências casuais, e não de uma explicação sistemática como a que será tentada por Freud.

Em terceiro lugar, Freud introduz uma alteração fundamental no método de tratamento: substituir a hipnose por uma técnica que se poderia denominar de sugestão sob vigília. Nessa técnica, Freud procura convencer o paciente de que é capaz de lembrar os fatos esquecidos. Do processo de hipnose, Freud conserva o fato de colocar o paciente deitado, enquanto o terapeuta ficava colocado numa posição em que não poderia ser visto.

Finalmente, e como consequência dessa mudança de técnica, Freud chega a dois conceitos básicos: o de resistência e o de repressão. A resistência corresponde à dificuldade que o paciente tem para evocar o acontecimento traumático; a repressão seria um processo pelo qual um impulso, embora combatido pela consciência, encontra uma forma de expressão substitutiva, isto é, o sintoma. Segundo Freud, a teoria da repressão seria básica para a compreensão da neurose e impunha um outro objetivo à terapia: já não se tratava de reencontrar os caminhos normais para os afetos, mas "descobrir as repressões e suprimi-las, através de um juízo que aceitasse ou condenasse definitivamente o que tinha sido excluído pela repressão. Em obediência a esta nova situação, dei ao método de pesquisa e terapia o nome de psicanálise, em substituição ao de catarse" (*Autobiografia*, op. cit., p.931).

Como logo a seguir, nesse mesmo trabalho, Freud diz que seria possível ligar toda a psicanálise ao conceito de repressão, parece que esse desenvolvimento da terapia bastaria para explicar a criação da psicanálise. É bem verdade que, páginas adiante, Freud fala na descoberta da sexualidade infantil e no erro de, por algum tempo, supor que o neurótico tivesse sofrido um ataque sexual durante a infância. No entanto, como antes já descreveu o nascimento da psicanálise, dá a impressão de que esse seria um desenvolvimento posterior. Como se verá mais adiante, esse processo foi mais lento e difícil do que se pensaria pela descrição de Freud; agora, convém discutir um pouco mais minuciosamente os estudos da histeria, a fim de entender o papel aí desempenhado por Breuer, bem como as razões de seu rompimento com Freud.

Josef Breuer era não apenas um dos mais conhecidos clínicos de Viena, mas também um pesquisador de reconhecido valor: sob a orientação do famoso Hering, tinha estudado a fisiologia da respiração e, mais tarde, o mecanismo do equilíbrio. Tornou-se livre-docente da Universidade de Viena, mas logo depois passou a dedicar-se exclusivamente à clínica particular. Breuer conheceu Freud quando este ainda trabalhava no laboratório de fisiologia, sob a direção de Brücke. Segundo Jones, isso deve ter ocorrido no fim da década de 1870-1880.

A amizade entre eles não se limitou à discussão de assuntos científicos e Breuer foi, durante muito tempo, uma figura central na vida de Freud. Durante o largo período em que este não tinha recursos para manter-se, Breuer esteve sempre disposto a ajudá-lo, de forma que Freud chegou a dever consideráveis somas ao amigo. Tão íntima era a amizade entre eles, e tão grande a admiração de Freud, que uma de suas filhas recebeu o nome de Matilde, como homenagem à mulher de Breuer. Nem há dúvida de que, inicialmente, Breuer teve o papel de mestre e orientador: era 14 anos mais velho que Freud e foi através de seu tratamento de uma paciente que ambos passaram a interessar-se pelo estudo da histeria.

Antes de Freud ir para Paris, onde estudaria com Charcot, Breuer tinha tratado de uma paciente histérica (clinicamente conhecida como Anna O.) O tratamento durou dois anos (1880--1882) e logo depois de sua conclusão Breuer o descreveu a Freud; este, por sua vez, narrou alguns de seus aspectos em carta à noiva. Através da descrição de Breuer, de Freud e, indiretamente, através de Jones – que leu a carta de Freud à noiva – podemos reconstruir os aspectos mais significativos do tratamento.

Anna O. era uma jovem inteligente, educada e muito atraente. Segundo a expressão pitoresca de Jones, tinha criado um verdadeiro "museu de sintomas", ligados à doença e à morte do pai: paralisia de três membros, com contrações e anestesias; perturbações da visão e da linguagem; incapacidade para alimentar-se; tosse nervosa; dupla personalidade, uma normal e outra perturbadora e maldosa, que oscilavam através de uma fase de auto-hipnose.

O tratamento de Breuer consistia em submeter a paciente a um profundo sono hipnótico, no qual estabelecia a relação entre o sintoma e o trauma que o provocara. Como o diz Freud em sua autobiografia, geralmente um sintoma não resultava apenas de uma cena "traumatizante", mas de numerosas situações análogas. O que permitiu a Breuer falar em catarse foi o fato de o sintoma resultar, aparentemente, da supressão de um pensamento ou impulso, durante o período em que cuidava do pai; quando, sob hipnose, o impulso se exprimia, a paciente livrava-se do sintoma. Se o caso clínico se resumisse a esses aspectos, Breuer indiscutivelmente teria descoberto um método muito eficiente para o tratamento da histeria. Na realidade, a situação foi muito mais complexa. A paciente causou uma profunda impressão em Breuer que, aparentemente, não falava de outro assunto; sua mulher, Matilde Breuer, parece ter dado demonstrações indiretas de ciúme, e essa deve ter sido uma das razões para que Breuer decidisse encerrar o tratamento. Ocorreu então o aspecto mais inesperado: embora a paciente estivesse curada, no dia em que Breuer considerou terminado o tratamento ela apresentou um novo sintoma: um parto histérico. Breuer conseguiu acalmá-la através da hipnose e no dia seguinte, ainda de acordo com Jones, partiu com sua mulher para Veneza, numa segunda lua de mel. Embora Anna O. tivesse sido apresentada como clinicamente curada, durante algum tempo voltou a apresentar sintomas histéricos, embora seja verdade que posteriormente se tornou pessoa produtiva e socialmente útil.

Quando encontrou Charcot, Freud já conhecia, através de descrição de Breuer, o caso de Anna O. Em sua autobiografia conta que, embora tenha descrito o tratamento para Charcot, este não demonstrou maior interesse por ele. Na verdade, nem Breuer, nem Charcot e nem Freud tinham recursos para entender o que tinha ocorrido com Anna O.; em outras palavras, não tinham recursos teóricos para explicar a sua cura e sua ligação a Breuer. Basta um aspecto para demonstrar a insuficiência de seus recursos: segundo Breuer, a paciente não demonstrava qualquer comportamento ou impulso sexual. Entenda-se: o seu comportamento consciente era inteiramente assexuado. Todavia, a cena final do tratamento não deixa muita dúvida no espírito do leitor; a fuga de Breuer mostra que também este, ainda que inconscientemente, compreendera a situação aí formada.

A leitura dos *Estudos sobre histeria* (1895) sugere que, nessa época, Freud e Breuer oscilavam muito mais, quanto à técnica, do que se imaginaria pela informação de Freud, apresentada trinta anos depois. Em primeiro lugar, ainda não tinham uma noção clara da relação que se estabelece entre o paciente e o psicoterapeuta. Depois, Freud emprega a hipnose e a sugestão durante a vigília, a fim de afastar o sintoma. Finalmente, o método catártico procura atingir a causa imediata do sintoma, embora Freud e Breuer percebam que não existe uma relação exclusiva entre o sintoma e a situação traumatizante. Em outras palavras, o problema enfrentado pela psicoterapia poderia ser proposto da seguinte forma: se um acontecimento traumático provoca histeria em um paciente, porque é que um acontecimento semelhante ou idêntico não provoca o mesmo sintoma em outra pessoa? Este problema é apresentado por Breuer e Freud na introdução aos *Estudos sobre histeria*, quando dizem que se aproximaram do "conhecimento do mecanismo dos sintomas histéricos, e não das causas internas da histeria" (*Freud*, 1948, p.32).

Fisiologia e psicologia

Em nossa perspectiva atual, é um pouco irônico afirmar que uma das preocupações fundamentais de Freud foi a relação entre fisiologia e psicologia, pois uma das características do sistema psicanalítico é a ausência de hipóteses fisiológicas.

Todavia, no período de formulação da teoria – grosseiramente, de 1895 a 1899 – a fisiologia desempenhou um papel muito importante, e não é difícil explicar que isso tenha ocorrido. Como já se viu antes, ao lembrar a sua biografia, Freud trabalhou vários anos no laboratório de fisiologia; depois de iniciar sua clínica particular, continua a trabalhar em neurologia e inicia várias pesquisas a respeito. Para Freud, habituado a esse tipo de trabalho e ao rigor da observação, o estudo psicológico deve ter parecido insatisfatório ou, pelo menos, em desacordo com os cânones científicos.

Esse e outros aspectos da evolução de Freud estão hoje bem documentados através da publicação das suas cartas a Wilhelm Fliess (1858-1925). Este era um médico berlinense, especialista em moléstias do nariz e garganta, mas voltado também para interesses teóricos muito mais amplos. Ele e Freud se conheceram por intermédio de Breuer, que recomendou a Fliess as aulas de neurologia, dadas por Freud. Pelo que se sabe, Fliess foi a amizade mais íntima de Freud, e seu papel nesses anos da criação da psicanálise deve ter sido muito importante. Josef Breuer afastou-se de Freud quando este começou a inclinar-se para uma explicação sexual da neurose; os médicos de Viena, diante dos quais Freud começara a adquirir prestígio, já se tinham afastado dele, e antes que Breuer o fizesse, quando aceitou as teorias de Charcot e Bernheim. Embora não estivesse socialmente isolado – pois continuava a ter muitos amigos – Freud estava cientificamente isolado no seu interesse pela explicação das neuroses. Essa ressalva é necessária, pois durante uma parte do período de sua correspondência com Fliess, Freud continuou a trabalhar em neurologia, e este aspecto de sua pesquisa científica nunca enfrentou objeções.

Segundo salienta E. Kris (in Bonaparte; Freud; Kris, 1954), a principal ligação intelectual entre Freud e Fliess está no conhecimento de fisiologia deste último: à medida que avança em sua tentativa de explicação das neuroses, Freud sente necessidade de encontrar um fundamento fisiológico para justificar suas teorias. Evidentemente, supunha que o amigo pudesse fazê-lo, e durante algum tempo imagina encontrar, na teoria da periodicidade de Fliess, essa justificação fisiológica. Em resumo, Fliess partia de uma relação entre o nariz e os órgãos sexuais femininos e chegava a uma concepção de fenômenos periódicos – um período de 28 dias (correspondente à menstruação) e outro de 23, a que estão sujeitas todas as pessoas, qualquer que seja a sua idade ou o seu sexo. A ideia de período é depois transposta para a previsão da doença e da época da morte de cada um; mais ainda, segundo Fliess, "esses ritmos não se limitam à humanidade, mas se estendem ao mundo animal e, provavelmente, a todo o mundo orgânico. A maravilhosa precisão com que se observa o período de 23 ou, conforme o caso, de 28 dias completos, permite que se suponha uma ligação mais profunda entre relações astronômicas e a criação de organismos." (in Kris, op. cit., p.7-8). Segundo Kris, as observações clínicas de Fliess foram aceitas pela ginecologia e pela otorrinolaringologia, mas os seus cálculos de períodos foram inteiramente rejeitados. E, embora Freud procurasse confirmar as teorias de Fliess e confiasse nas suas opiniões científicas, parece que apenas a ideia de bissexualidade foi aceita e confirmada na teoria psicanalítica. E essa ideia foi, aparentemente, uma das razões para o rompimento entre eles: quando Fliess sugeriu o conceito de bissexualidade, Freud o rejeitou totalmente. Passado algum tempo, Freud apresenta, como sua, a mesma ideia, e Fliess revolta-se com o aparente plágio. O plágio real, segundo Kris, apareceu algum tempo depois: Freud mencionou a ideia de bissexualidade a Swoboda, que o procurara para tratamento. Swoboda, por sua vez, passou a ideia a Otto Weininger que, em 1902, publicou um livro, *Sexo e caráter*, que se tornaria famoso e seria traduzido em várias línguas (Weininger suicidou-se em 1903). Embora Swoboda, no livro que escreveu alguns anos depois, mencionasse explicitamente Fliess, este considerou-se prejudicado e publicamente acusou Freud.

Na verdade – é ainda Kris quem o afirma – a aparente harmonia teórica entre Freud e Fliess desaparece por duas razões principais: Freud não acompanha os cálculos matemáticos de Fliess – que lhe permitiriam continuar afirmando a teoria da periodicidade; com a descoberta da sexualidade infantil, a ideia de período deixava de ter importância para a psicanálise e, mais ainda, opunha-se a esta.

De outro lado, a ligação de Freud com Fliess é tão intensa – e tão mais intensa que a de Fliess com Freud – que não pode ser explicada por razões exclusivamente intelectuais. Aparentemente, durante certo tempo Freud parece depender de Fliess, colocando-o numa posição que, vista à distância, parece inteiramente em desacordo com o valor real de ambos. Uma forma de entender a situação seria supor que, a partir do momento em que começa a ser abandonado por Breuer, Freud procura alguém que ocupe a posição de confidente e orientador. Outra explicação, já sugerida por alguns, consiste em supor que Fliess representasse para Freud o papel de analista: isso explicaria uma ligação tão intensa, seguida por rejeição igualmente intensa. Em outro nível, seria possível acompanhar Jones e lembrar que Freud, pelo menos em seu período pré-analítico, precisava sempre de uma pessoa cegamente admirada e de outra, cegamente odiada. Em alguns casos, essa polarização afetiva tinha como objetivo a mesma pessoa, embora em momentos diferentes. Foi isso que ocorreu com Breuer e, logo depois, com Fliess. Em outra situação, a amizade de Freud por Jung seguiria, anos depois, o mesmo esquema. Em nível mais profundo – que aparentemente não escapou a Freud – em todos esses casos a amizade tinha um componente homossexual. Alguns anos depois do fim de sua amizade com Fliess, Freud se encontra com outros psicanalistas e, numa discussão com Jung, tem uma vertigem. Alguns dias depois disso escreve a Jones e lembra que, nessa mesma sala, tinha tido uma vertigem, posterior a um encontro com Fliess. O comentário de Freud nessa carta não deixa margem a dúvidas: "na raiz desse problema, deve haver um aspecto de homossexualidade rebelde." (Jones, I, p.317).

Para a história da psicanálise, esses aspectos são pouco importantes: Fliess é significativo por dar a Freud aquilo de que este mais precisava: um ouvinte capaz de aprovar suas teorias. Como não possuímos as cartas de Fliess a Freud, só podemos inferir o teor das suas reações às ideias do amigo. Tudo leva a crer que essa correspondência era uma forma de elogio mútuo, em que um se admirava das realizações do outro. Nem deve ter sido diferente o clima geral de seus congressos, isto é, dos dias em que os dois se reuniam para conversar a respeito de suas teorias. Essa compreensão – aparente ou real – é frequentemente indispensável para que o cientista e o artista continuem um trabalho pioneiro e desaprovado pelos grupos conservadores da profissão.

Isso explica que muitas ideias de Freud, destinadas a um grande papel nas suas teorias posteriores, sejam às vezes encontradas em sua forma inicial na correspondência. Por exemplo, a teoria de sexualidade infantil, e o conceito de projeção são apresentados, embora de maneira muito limitada, nas cartas a Fliess.

Aqui, para indicar a relação que Freud tenta estabelecer entre a psicologia e a fisiologia, será discutido um dos projetos enviados por Freud a Fliess.

Em 1895, Freud envia a Fliess um manuscrito (*The Origins of Psychoanalysis*, p.347-445), sem título, e a que o tradutor da edição inglesa denominou *Projeto para uma Psicologia Científica*. Esse manuscrito representava uma tentativa de ligar fenômenos psicológicos a uma fisiologia quantitativa. Embora seja aqui impossível acompanhar as várias partes do ensaio de Freud, alguns aspectos precisam ser salientados, pois adquirem significação diante de sua obra posterior. Do ponto de vista fisiológico, Freud parece partir de um problema: como explicar que o neurônio conserve a experiência anterior e, apesar disso, continue apto a reagir a novas experiências? Para responder à pergunta, supõe dois sistemas de neurônios, embora reconheça que, do ponto de vista histológico, não existe fundamento para essa suposição. Embora não se consiga acompanhar a argumentação de Freud, não é difícil perceber como esse problema se liga a uma possível explicação das neuroses, através de acontecimentos passados, isto é, através de traumas. Além disso, tenta enfrentar, de maneira rigorosa, o problema da estimulação vinda do organismo e o da estimulação vinda do ambiente.

Sob outro aspecto, esse ensaio é interessante pelo fato de procurar uma explicação para o comportamento normal; em outras palavras, Freud pretende formular, como o diz em várias cartas a Fliess, "uma psicologia", isto é, uma teoria geral. Isso explica que a explicação da histeria – a respeito da qual Freud acabava de escrever – aí ocupe uma parte relativamente pequena. Partes relativamente grandes são ocupadas pelas tentativas para explicar a consciência, os processos de recordação, pensamento e cognição, satisfação, e assim por diante. Há também uma parte destinada à explicação dos sonhos, que já começava a ocupar o pensamento de Freud.

O projeto, no entanto, foi logo abandonado por Freud. Segundo se pode observar na correspondência com Fliess, o entusiasmo com que redige esse ensaio logo desaparece: aos poucos, Freud percebe suas deficiências e abandona o esquema aí proposto. Essa deve ter sido a principal razão para que o projeto fosse abandonado, embora seja possível pensar em outras: o interesse pela explicação dos sonhos – que no projeto figura apenas como item secundário – e o início da autoanálise, capaz de levar Freud para um terreno inteiramente novo da psicologia.

O interesse do projeto é histórico: mostra, de forma indiscutível, que o Freud fisiologista não cedeu imediatamente ao Freud psicólogo. Ao contrário, somente quando aparentemente se convenceu de que não conseguiria ligar os processos psicológicos a processos fisiológicos é que Freud se afastou do pensamento fisiológico e das hipóteses quantitativas. Mas ainda assim a ruptura não foi completa: o conceito de libido conservará um conteúdo de energia física, e o seu destino aparecerá ligado a formas de expressão e controle.

A autoanálise

O autoconhecimento não foi criado por Freud. Antes e depois dele, muitos outros tentaram investigar o seu mundo interior. Mais ainda, esse era o método de investigação da psicologia tradicional, o processo pelo qual se procurava conhecer a consciência.

No entanto, quando se fala em autoanálise de Freud pensa-se em processo bem diferente. Quando iniciou a autoanálise – e sabe-se que isso ocorreu em 1897 – Freud já estava habituado a analisar seus pacientes. Embora nessa época ainda não se pudesse falar em psicanálise, pelo menos no sentido em que hoje empregamos a palavra, Freud já atingia os processos inconscientes. Ou, talvez fosse mais correto dizer, já percebera a existência de processos inconscientes, embora não conhecesse ainda o seu conteúdo. É isso que, em grande parte, será obtido através da autoanálise. E aqui chegamos mais perto do sentido da autoanálise: Freud atuou, com relação aos seus processos inconscientes, como se fosse um outro analista. Ou, dizendo de outro modo, como ninguém mais poderia fazer sua psicanálise, Freud foi obrigado a psicanalisar-se. Segundo Jones, esse processo continuou por toda a vida e Freud sempre reservava um período do dia para a autoanálise.

Com a publicação das cartas a Fliess – além das referências apresentadas em *A interpretação dos sonhos* – é hoje possível acompanhar as principais etapas da autoanálise e verificar a sua contribuição para a teoria psicanalítica. Diga-se logo, todavia, que o material publicado não permite uma compreensão global da personalidade de Freud, provavelmente porque parte do material de análise deveria ser comunicado a Fliess nos Congressos, e não na correspondência.

Segundo Jones, a autoanálise teve a morte do pai como um dos incentivos básicos. Não seria muito arriscado supor que sua angústia – como ocorre com muita gente – tenha aumentado consideravelmente por ocasião dessa morte, e que isso tenha obrigado Freud a reconhecer a necessidade de tratamento.

Nas cartas publicadas é possível estabelecer a sequência adiante indicada (para facilidade de leitura, são citadas as datas das cartas, e não as páginas).

Em 12 de junho de 1897 dá a primeira indicação da autoanálise, dizendo que em si mesmo observa experiências neuróticas, ininteligíveis para a consciência. Em 14 de agosto de 1897, diz que é o seu principal paciente e que essa é a mais difícil de todas as análises. Além disso, acredita que a autoanálise é algo indispensável. Uma grande parte da carta de 3 de outubro de 1897 deve ser transcrita, pois indica que Freud começa a descobrir, em sua autoanálise, a atuação do que mais tarde será conhecido como o complexo de Édipo:

> Descrever por escrito é o mais difícil e, além disso é muito extenso. Posso apenas dizer que, em meu caso, meu pai não desempenhou um papel ativo, embora certamente ou nele projetasse uma analogia de mim mesmo; que minha fonte primária [de neurose] foi uma mulher feia e velha, mas inteligente, que me falou muito a respeito de Deus e do inferno, e me deu elevada opinião a respeito de minhas capacidades; que mais tarde (entre 2 e 2 anos e meio) foi despertada a libido para *matrem*; a oportunidade para isso deve ter sido a viagem com ela, de Leipzig a Viena, durante a qual passamos juntos a noite e quando devo ter tido a oportunidade de vê-la *nudam* (...); que recebi meu irmão, um ano mais jovem (e que morreu poucos meses depois), com má vontade e real ciúme infantil, e que sua morte me deixou o germe da culpa. De há muito sabia que meu companheiro de crimes, entre 1 e 2 anos, foi um sobrinho – um ano mais velho que eu – e que agora mora em Manchester; visitou-nos em Viena quando eu tinha 14 anos. Aparentemente, às vezes tratamos de maneira chocante minha sobrinha, um ano mais jovem. Meu sobrinho e meu irmão mais jovem determinaram, não apenas o aspecto neurótico de todas as minhas amizades, mas também sua profundidade (...)

Alguns dos aspectos aí sugeridos pela análise foram desenvolvidos por Jones – que pôde mostrar, por exemplo, que a cena localizada por Freud aos 2 anos e meio deve ter ocorrido quando ele já tinha 4 anos de idade. De qualquer forma, o trecho é precioso para nossa compreensão de Freud e da criação da psicanálise. Em carta anterior, de 21 de setembro de 1897, Freud dizia ter renunciado à sua teoria da neurose, e uma das razões para isso era o fato de não mais aceitar a hipótese da sedução da criança pelo adulto. Aparentemente, a autoanálise ajuda-o a penetrar nesse mistério, pois começa a compreender que o impulso sexual está na criança, e que esta, através da fantasia, o projeta no adulto. Ao leitor não escapa o fato de Freud, ao referir-se a seus sentimentos infantis, usar palavras latinas para a mãe (*matrem*) e sua nudez (*nudam*). Essa era uma forma de resistência que não tinha superado.

A relação com o sobrinho João permite a Freud compreender o caráter neurótico de suas amizades: ter um amigo idolatrado e um inimigo; em alguns casos, esse papel poderia ser desempenhado, em épocas diferentes, pela mesma pessoa. Aqui, é suficiente lembrar Breuer, inicialmente venerado e depois odiado; coisa semelhante ocorreu com Fliess, embora neste caso o ódio final não tenha aparecido em toda a intensidade. Anos mais tarde, Freud formará uma relação semelhante com Jung, mas sua intensidade deve ter sido bem menor.

Em carta de 15 de outubro de 1897 conta que procurou confirmar com sua mãe alguns dos resultados a que chegara através da análise, e obtém confirmação para a história da pajem. Nessa mesma carta diz que também em seu caso encontrou amor à mãe e ciúme do pai, o que o leva a pensar num processo geral da primeira infância. A seguir, estabelece o paralelo entre Édipo e Hamlet, a ser apresentado em *A interpretação dos sonhos*.

Finalmente, em carta de 14 de novembro de 1897 dá uma indicação preciosa quanto ao sentido de sua autoanálise, pois diz que nesta só avança através de conhecimento adquirido objetivamente – isto é, com seus pacientes – e que a autoanálise é realmente impossível. Essas observações são decisivas pois indicam algo muito importante para a psicologia contemporânea: a afirmação de que nos conhecemos através dos outros – ou dos elementos que os outros nos oferecem. De outro lado, a verificação de que a autoanálise é impossível terá consequências para o desenvolvimento posterior da psicanálise, pois a verificação deve ter sido o ponto de partida para a obrigatoriedade da análise do psicanalista.

De um ponto de vista mais imediato – para o desenvolvimento da psicanálise – a autoanálise de Freud teve consequências decisivas. Em grande parte, foi através dela que Freud descobriu a sexualidade infantil. Mas o relato da criação da psicanálise só se completa com *A interpretação dos sonhos*.

Interpretação dos sonhos

> Quando olhamos para trás, para esse período desinibido da infância, parece-nos um Paraíso; e o Paraíso não é mais que uma fantasia de grupo para a infância do indivíduo. Por isso é que a humanidade estava nua no Paraíso e as pessoas não se envergonhavam na presença de outras; mas chegou um momento em que a vergonha e a angústia despertaram, houve a expulsão e a vida sexual, e começaram as atividades culturais. Mas todas as noites reconquistamos esse Paraíso em nossos sonhos. (Freud, 1961)

A interpretação dos sonhos parece ter sido o livro favorito de Freud. Isso é indicado, não apenas pelo depoimento pessoal de Jones, mas também pelo prefácio de Freud para a terceira edição inglesa, na qual diz textualmente que o livro "contém, mesmo de acordo com meu julgamento atual, as mais valiosas descobertas que tive a sorte de fazer. Uma intuição como essa ocorre apenas uma vez na vida de uma pessoa."

Mas o livro tem, além disso, uma significação muito grande para Freud e uma história editorial muito curiosa. Freud observa, no prefácio à segunda edição alemã do livro, que só depois de escrevê-lo aprendeu a sua significação afetiva: tinha sido uma parte de sua autoanálise, sua reação à morte do pai, isto é, nas suas palavras, "o acontecimento mais importante, a perda mais pungente na vida de um homem". Como já foi indicado nas páginas anteriores, a autoanálise de Freud permitiu-lhe chegar à situação infantil de ciúme e, portanto, da ambivalência diante do pai. Isso explicaria – juntamente com a identificação com o pai – a observação de Freud. Além disso, registrou também que esse foi um dos seus livros de mais lenta composição: embora estivesse completo, em suas linhas essenciais, desde 1896, só seria terminado em 1899.

Do ponto de vista editorial, a primeira observação refere-se à data de publicação: embora lançado em fins de 1899, o editor quis que saísse com a data de 1900 – aparentemente por causa do novo século, e certamente sem saber que o livro marcaria uma nova época na Psicologia. A edição de seiscentos exemplares só se esgotaria oito anos depois, e a Freud não escapou o fato de seu público não ser constituído pelos especialistas a que o destinara. Reconheceu que seus leitores não teriam sido pessoas com formação científica – afastados do livro pela crítica desfavorável nas revistas especializadas – mas sim pelas pessoas cultas e curiosas.

Isso sugere que *A interpretação dos sonhos* também sob esse aspecto inaugurava uma nova fase na atividade criadora de Freud: seus adeptos mais fiéis não vieram exclusiva, nem talvez principalmente, da classe médica, mas de pessoas com formação humanística. Se esse fato teve consequências muito significativas para a avaliação e a prática da psicanálise, no caso da interpretação dos sonhos esse resultado seria mais ou menos inevitável: Freud procurava descobrir a significação de um aspecto geralmente ignorado pela ciência, embora valorizado pelos mitos e pelas crenças populares. Além disso, Freud aí utilizava critérios de interpretação que dificilmente seriam aceitos pelas ciências naturais, embora fossem compreensíveis para as pessoas com formação literária. Em outras palavras, o livro marcava, aparentemente, uma ruptura entre o Freud fisiologista e o Freud psicólogo. E, embora na forma de explicação dada por Freud a ruptura fosse menor do que se poderia supor, não há dúvida de que foi real e profunda: Freud passa a explicar a vida psicológica com menor utilização de fundamentos fisiológicos que ainda supunha no *Projeto de psicologia científica* de 1895. Como já foi sugerido antes, para a ciência do século XIX a explicação psicológica só seria aceitável quando fundamentada em bases fisiológicas.

Como se verá mais adiante, no entanto, Freud conservou muita coisa do *Projeto de psicologia científica*: ao procurar uma explicação teórica para o sonho, volta ao esquema do reflexo. Mas a verdade é que essa explicação – que constitui o capítulo VII de *A interpretação dos sonhos* – seria esquecida ou ignorada, enquanto todos lembrariam as explicações e análises de tipo literário, que constituem a nota dominante do livro.

Embora não seja possível acompanhar toda a argumentação desenvolvida em *A interpretação dos sonhos*, convém salientar os seus aspectos principais, sobretudo a teoria aí suposta, pois o seu esquema fundamental continuaria a ser aceito por Freud.

A primeira dificuldade de Freud refere-se à possibilidade de interpretar cientificamente os sonhos. Ao resenhar a bibliografia a respeito, observa que a ciência do seu tempo não se propunha o problema da interpretação, pois considerava que o sonho seria apenas um "processo somático", registrado na "vida mental". Nesse esquema, procurava-se uma causa orgânica que seria registrada pelo sonho.

No extremo oposto, os leigos, ao interpretar os sonhos, usariam dois métodos fundamentalmente diversos. Em primeiro lugar, poderiam procurar substituir o conteúdo aparente do sonho por um outro conteúdo. Essa seria a interpretação "simbólica" e, como exemplo, Freud lembra o sonho do faraó, interpretado por José. Outra característica dessa forma de interpretação é que, como existe uma crença muito antiga de que os sonhos se referem ao futuro, o seu conteúdo é também transposto para o futuro, isto é, procura-se saber o que é que indicam. Finalmente, nesse caso não existe um método de interpretação, pois esta depende fundamentalmente da intuição do intérprete.

O segundo modo popular de interpretação consistiria em decifrar os sonhos, isto é, traduzir um sinal por outro, de acordo com uma chave preestabelecida. Nesse caso, o aparecimento, por exemplo, de "carta" ou "funeral" deveria ser interpretado de acordo com a chave, e seu sentido transposto para o futuro. Esse é talvez o método mais popular de interpretação, e a título de curiosidade deve-se lembrar que na Europa dos fins do século XIX – como ainda hoje, no Brasil – a interpretação do sonho procurava um processo de previsão de jogos de loteria.

A essas teorias, Freud opõe a ideia de que os sonhos não apenas têm um sentido, mas que é possível encontrar um método científico para sua interpretação. Teria sido levado a essa suposição através do tratamento psicanalítico: entre as ideias que os pacientes narravam, havia os sonhos, e estes poderiam ser colocados na "cadeia psíquica" onde se localiza a lembrança de uma ideia patológica. Para isso, emprega o mesmo método utilizado no tratamento psicanalítico: o paciente deve ficar à vontade e evitar a autocrítica. Quando consegue fazer isso, aprende inúmeras ideias que de outro modo permaneceriam inacessíveis à consciência. Mas esse processo – que é a associação livre – supõe também que o sonho seja separado em várias partes, pois cada uma delas deve ser analisada mais ou menos separadamente.

Esse é o caminho para a interpretação e, segundo Freud, verifica-se que, uma vez interpretado, o sonho é uma realização de um desejo. Discutiu essa afirmação de várias formas, pois evidentemente percebia que, pelo menos aparentemente, muitos sonhos não se apresentam como realização de um desejo. Sua teoria parece mais facilmente comprovada na realização de um desejo físico: quando adormecemos com sede, frequentemente sonhamos com a satisfação dessa necessidade. Também no sonho de crianças Freud verifica a realização direta do desejo: a criança que não ganhou o chocolate que desejava pode sonhar que o recebeu; a criança obrigada a passar o dia sem alimento pode sonhar com um restaurante, onde lhe servem seus pratos prediletos.

Se no sonho de adultos mais raramente ocorre essa realização direta de desejo, isso se deve à interferência da crítica ou da censura. A hipótese, aqui, é que o desejo, ao manifestar-se, precisa estar disfarçado, pois, embora enfraquecida, a censura continua atuante. Em outras palavras, durante a vigília a censura impede o aparecimento dos desejos; durante o sonho, como está enfraquecida, os desejos conseguem ultrapassá-la, e chegar à consciência, mas isso só pode ser obtido através de disfarce, como se a censura precisasse ser enganada. A partir da edição de 1919 de *A interpretação dos sonhos*, Freud usou o seguinte exemplo para sugerir a adequação do termo censura:

> Para tornar o sonho inteligível, devo explicar que a pessoa que o sonhou era uma senhora educada e muito estimada, com cinquenta anos de idade. Era viúva de um oficial de alta patente, que tinha morrido uns doze anos antes; tinha filhos adultos, um dos quais estava em campanha militar na época do sonho. Este é o sonho que se refere a "serviços por amor" em época de guerra. [James Strachey, na tradução inglesa, observa que em alemão "Liebsdienste" significa "serviços realizados por amor", isto é, sem remuneração, mas também permite outra interpretação.] A paciente dirigiu-se ao Hospital da Guarnição nº 1 e informou ao sentinela que precisava falar com o Oficial Médico Chefe (mencionou um nome que ela não conhecia), pois desejava apresentar-se como voluntária para serviços no hospital. Pronunciava a palavra "serviço" de forma que o soldado imediatamente entendeu que ela queria dizer "serviço por amor". Como era senhora idosa, só depois de alguma hesitação o soldado deixou que passasse. Em vez de encontrar o Oficial Médico Chefe, entrou num apartamento grande e escuro, onde alguns oficiais e médicos do exército estavam de pé ou sentados em torno de uma mesa comprida. Aproximou-se de um cirurgião da equipe, e fez sua proposta, entendida logo às

primeiras palavras. As suas palavras no sonho foram as seguintes: "Eu e muitas outras mulheres e moças de Viena estamos prontas para ..." – nesse ponto, no sonho, suas palavras se transformavam num murmúrio – "... para as tropas – oficiais e soldados, sem distinção." Ela sabia, pelas expressões das faces dos oficiais – em parte acanhados e em parte maliciosos – que todos entendiam corretamente o que pretendia dizer. E sempre que devia dizer o que pretendia fazer, suas palavras se transformavam em murmúrio. Neste sonho, é fácil compreender a ação da censura: sempre que o sentido proibido poderia revelar--se, a palavra era literalmente suprimida. (Freud, 1961, p.143ss.)

Em outros casos, a censura atua de forma diferente, não pela supressão, mas pelo disfarce de um desejo proibido, que então aparece sob uma forma que não pode ser identificada pela consciência.

Segundo Freud, mesmo quando aparentemente o sonho mostra um desejo não realizado, devemos procurar o desejo real, que assim se manifesta por seu oposto. O exemplo que dá é o seguinte sonho de uma senhora em tratamento:

"Eu desejava dar um jantar, mas em casa nada tinha, além de um pouco de salmão defumado. Pensei que deveria sair e comprar alguma coisa, mas lembrei que era domingo à tarde e todas as lojas estariam fechadas. A seguir, tentei falar com alguns fornecedores, mas o telefone não funcionava. Por isso, precisei abandonar meu desejo de dar um jantar."

Respondi, naturalmente, que a análise seria a única forma de decidir quanto ao sentido do sonho; apesar disso, admiti que, à primeira vista, parecia sensato e coerente, e parecia o inverso de uma realização de desejo. Mas de que material surgiu o sonho? Como você sabe, a instigação para um sonho deve ser sempre encontrada nos acontecimentos do dia anterior.

Análise: A paciente diz a Freud que no dia anterior o seu marido tinha observado que estava ficando muito gordo e que precisava fazer regime. Diz também que, embora goste muito de caviar, tinha pedido ao marido que não lhe desse mais esse alimento. Freud observa que essa explicação lhe pareceu inadequada, o que indicaria motivos ocultos – isto é, a apresentação de motivos apenas aparentemente satisfatórios indica que os verdadeiros estão sendo escondidos. Por isso, pede mais associações:

> Depois de uma pequena pausa, tal como a que corresponderia à superação de uma resistência, passou a contar que no dia anterior tinha visitado uma amiga, da qual sentia ciúme, porque o seu marido (de minha paciente) sempre a elogiava. Felizmente, essa amiga é muito magra, e seu marido admira figuras mais rechonchudas. Perguntei a respeito de que conversara com sua amiga. Respondeu que, naturalmente, a respeito do desejo dessa amiga de tornar-se mais gorda. A amiga também perguntara: "Quando é que você vai nos convidar para outro jantar? Você sempre serve jantares tão deliciosos!"
>
> O sentido do sonho agora estava claro e pude dizer à minha paciente: "Parece que quando ela fez essa sugestão você disse a si mesma: Imagine! Devo convidá-la para jantar em minha casa, de forma que fique mais gorda e ainda mais atraente para meu marido! É melhor que nunca mais dê jantares." O que o sonho estava dizendo é que você era incapaz de dar jantares, e assim satisfazia ao seu desejo de não ajudar sua amiga a tornar-se mais gorda. O fato de que aquilo que as pessoas comem em festas faz com que fiquem mais gordas foi lembrado a você pela decisão de seu marido de não mais aceitar convites para jantar, a fim de que pudesse emagrecer. O salmão defumado do sonho ainda não tinha sido explicado. Perguntei: como é que você chegou ao salmão que aparece em seu sonho? Respondeu: o salmão defumado é o prato predileto de minha amiga. (Freud, 1961, p.147-148.)

Em outros casos, quando não se demonstra a existência de um desejo disfarçado, Freud supõe um componente masoquista e que, portanto, exige o oposto do desejo. Em resumo, para considerar a análise de sonhos desagradáveis, Freud estabelece a seguinte fórmula: "um sonho é a realização (disfarçada) de um desejo (suprimido ou reprimido) (Freud, 1961, p.160).

Essas hipóteses exigem que Freud faça uma distinção entre o conteúdo manifesto e o conteúdo latente do sonho. O primeiro abrange o que a pessoa recorda ter sonhado, isto é, o que na linguagem corrente denominamos sonho; o conteúdo latente – que Freud também denomina pensamentos do sonho – é o conteúdo a que se chega através da associação livre. Para compreender o alcance dessa distinção é preciso explicitar a relação entre conteúdo manifesto e conteúdo latente. No processo de interpretação, parte-se evidentemente do conteúdo manifesto, a fim de chegar ao latente; supõe-se, no entanto, que o processo de formação do sonho siga o caminho inverso, isto é, comece no conteúdo latente e termine no manifesto. Ou, o que é o mesmo, os impulsos reais são os encontrados no conteúdo latente, pois o sonho manifesto ou aparente é apenas seu disfarce, ou sua representação consciente. De outro lado, Freud reconhece que não existe identidade perfeita entre os pensamentos do sonho – ponto de partida do conteúdo manifesto que recordamos – e os pensamentos do sonho a que chegamos através da interpretação, pois esta permite a agregação de ideias não contidas no original. Apesar dessa restrição, é evidente que Freud supõe que a interpretação corresponda aos pensamentos do sonho, pois só assim essa interpretação poderia ter valor para o conhecimento do inconsciente. Ou, dizendo de outro modo, a palavra interpretação talvez não seja muito adequada, pois o sonho, uma vez interpretado, não acrescenta algo novo, mas deve apenas revelar os seus motivos fundamentais. Tudo se passaria como se, através do conteúdo manifesto, o inconsciente revelasse a ponta de um novelo; a tarefa da interpretação é puxar essa ponta, a fim de conhecer os aspectos ocultos de onde partiu – ou, como diz Freud, "a interpretação dos sonhos é a estrada real para um conhecimento das atividades inconscientes da mente" (Freud, 1961, p.608).

Ainda que se admitam como certas essas afirmações, isso ainda não permitiria saber porque sonhamos ou porque os sonhos têm as características que os distinguem da vida de vigília. Freud não tem uma resposta única para essas perguntas; ao contrário, supõe que vários fatores expliquem porque sonhamos e, de outro lado, porque os sonhos apresentam características diversas das encontradas no pensamento de vigília.

Quando se pergunta porque sonhamos, a primeira resposta de Freud seria dizer que sonhamos para dormir. Em vários trechos de *A interpretação dos sonhos* repete que o sonho é o "guardião" do sono. Em muitos sonhos essa função é evidente: por exemplo, quando, em vez de ouvir a campainha do despertador, elaboramos um sonho em que esse ruído se transforma na campainha do telefone e, depois de uma conversa com um interlocutor, continuamos a dormir. Ou o som do despertador se transforma em campainha da casa; atendemos à porta e também continuamos a dormir. A mesma coisa pode ser dita a respeito de sonhos que correspondem a necessidades físicas: o sonho de beber água é uma tentativa do sonho para permitir que a pessoa continue dormindo.

Outra função do sonho é aliviar as tensões que se criaram durante a vigília. Essa característica aparece muito nitidamente no sonho de tipo infantil, quando um desejo não realizado durante o dia é realizado no sonho: a criança que viu frustrado seu desejo de ir a um passeio pode sonhar que este efetivamente se realizou. Sob outro aspecto, Freud sugere que a maioria dos sonhos tem conteúdo sexual porque o sexo é a necessidade mais reprimida durante o período de vigília.

Se o sonho tivesse sempre esse significado, seria um processo paralelo ao sono, e talvez não estivéssemos muito longe da teoria de Freud ao dizer que seria uma forma de repouso da mente, assim como o sono é uma forma de repouso e recuperação do corpo. No entanto, a experiência nos mostra que os sonhos não se reduzem a esses dois tipos e, de outro lado, esse esquema não permite explicar as principais características do sonho – sobretudo seu caráter alucinatório. Neste ponto, a pergunta a respeito da função do sonho se integra na pergunta a respeito de suas formas características, e para essa explicação Freud desenvolve uma teoria geral da experiência humana. Esse é o objeto do famoso capítulo VII de *A interpretação dos sonhos*, geralmente considerado um dos textos mais difíceis de Freud. Aqui, será apresentado apenas um esquema bem geral, mas indispensável, pois esse capítulo é um dos elementos básicos para a comparação entre a psicanálise e as outras teorias psicológicas contemporâneas.

O modelo do comportamento, para a teoria freudiana, é o reflexo; vale dizer, a atividade psíquica começa por estímulos (internos ou externos) e termina num sistema de nervos – isto é, num sistema aferente. Há, portanto, nesse esquema hipotético, uma extremidade perceptual e uma extremidade motora. Basicamente, se toda excitação provocasse uma resposta motora (uma descarga do sistema), não haveria desenvolvimento de vida mental, e o sistema continuaria simples e unidirecional. O sistema é representado por Freud no seguinte esquema:

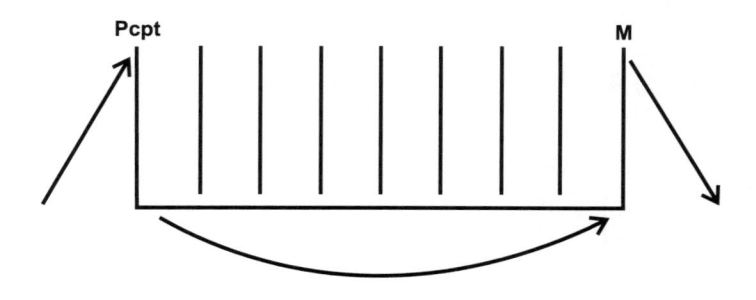

Figura 1 – (Pcpt = perceptual; M = motora)

No entanto, a extremidade perceptual não recebe sempre o mesmo estímulo e, além disso, sabe-se que continua capaz de receber novos estímulos, isto é, não guarda os estímulos anteriores. Isso supõe o desenvolvimento de um sistema intermediário (mnêmico) responsável pela manutenção dos estímulos anteriores, mas que não perturbam a recepção de novos estímulos.

O sistema seria aqui representado da seguinte maneira:

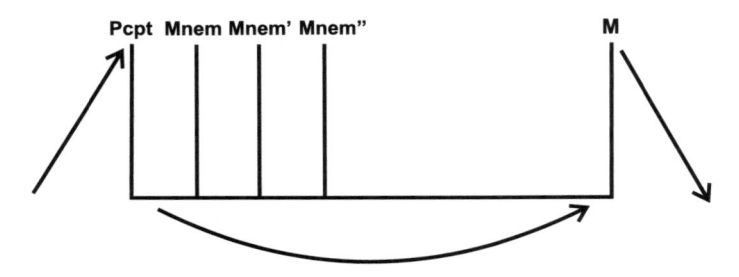

Figura 2 – (Mnem = mnêmico)

Um elemento Mnem se liga mais facilmente a outro elemento Mnem; além disso, as lembranças são inconscientes e, embora possam tornar-se conscientes, ainda quando inconscientes podem provocar todos os seus efeitos.

O sistema completo, considerando-se o inconsciente, seria representado por Freud no seguinte esquema:

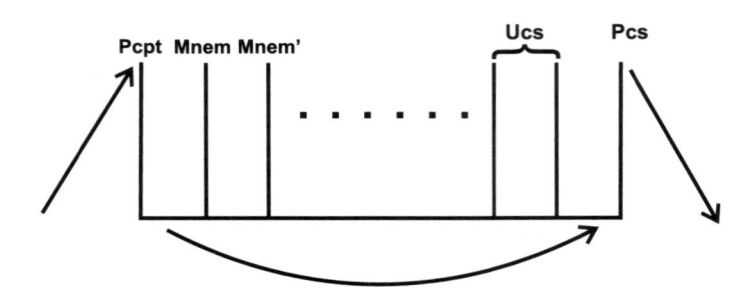

Figura 3 – (Inc. = inconsciente; Pcs = pré-consciente)

O elemento novo é, aqui, o pré-consciente, que para Freud tem acesso direto à consciência, desde que desta última consiga atenção. Aparentemente, o pré-consciente seria formado pelas lembranças que não foram reprimidas, isto é, não foram lançadas para o inconsciente. Enquanto o pré-consciente está à disposição da consciência – que dele pode usar livremente – o inconsciente só pode atingir a consciência através do pré-consciente, e desde que se submeta a certas modificações.

Com esses elementos, é agora possível compreender o funcionamento da vida mental, segundo a descrição de Freud.

O sistema todo funciona de acordo com o princípio do equilíbrio: toda excitação – interna ou externa – deve descarregar-se numa atividade motora. Inicialmente, na fase do bebê, a necessidade interna, que apresenta uma excitação, só pode satisfazer-se através do auxílio externo, isto é, alguém precisa atender à criança. Quando a necessidade volta, e o objeto de satisfação não é encontrado imediatamente, a satisfação é obtida através de uma representação alucinatória do objeto que anteriormente satisfez o bebê: "(...) nada nos impede de supor que houve um estado primitivo do sistema psíquico (...) em que o desejo terminava em alucinação" (Freud, 1961, p.566).

De outro lado, esse processo de satisfação alucinatória é ineficiente, e será substituído, com o desenvolvimento, pelo processo de pensamento, isto é, em que a imagem mnemônica será verificada na realidade. Note-se, no entanto, que para Freud

> o pensamento não é, afinal de contas, nada mais do que um substituto para um desejo alucinatório; e é evidente por si mesmo que os sonhos precisam ser realizações de desejos, pois apenas um desejo pode colocar nosso sistema mental em ação. Os sonhos, que satisfazem seus desejos pelo caminho curto da regressão, apenas preservaram para nós, sob esse aspecto, um exemplo do método primário de trabalho do sistema mental, um método abandonado como ineficiente. O que outrora dominava a vida de

vigília, quando a mente era ainda jovem e incompetente, parece agora ter sido banido para a noite, assim como as armas primitivas – arcos e flechas – abandonadas pelos adultos, reaparecem entre as crianças. *O sonho é uma parte da vida infantil que foi ultrapassada.* Tais métodos de trabalho do sistema mental, normalmente reprimidos nas horas de vigília, tornam-se novamente usuais na psicose, e então revelam sua incapacidade para satisfazer nossas necessidades na relação com o mundo externo. (Freud, 1961, p.567; o grifo é de Freud)

Nesse trecho, a palavra regressão merece um pequeno comentário. O movimento progressivo vai do perceptual ao motor; o regressivo, ao contrário, faz com que um elemento mnêmico, em vez de caminhar para a região motora, provoque uma percepção (no caso, uma alucinação). Isso permitiria explicar um dos aspectos mais notáveis do sonho, isto é, o fato de que ao sonhar vivemos uma situação que nos parece real (alucinatória) e não imaginada – tal como ocorre no devaneio da vida de vigília. Segundo Freud, como a atividade motora está inibida durante o sonho, o pré-consciente pode permitir a expressão de desejos que seriam perigosos durante a vigília, quando poderiam transformar-se em ação.

Outro aspecto importante nesse texto de Freud é o fato de ligar a atividade onírica à vida mental infantil, como se o sonho fosse um resíduo arcaico de nosso desenvolvimento. Aqui, poder-se-ia supor que Freud pensava no sonho como formalmente infantil, isto é, que utiliza processos característicos da primeira infância. No entanto, através de outros textos, vê-se que Freud dava sentido muito mais amplo a essa aproximação. Em primeiro lugar, o desejo que se manifesta no sonho é necessariamente um desejo infantil reprimido que conseguiu acesso ao pré-consciente (Freud, 1961, p.518). Observe-se, no entanto, que Freud reconhece não ter elementos para comprovar essa afirmação, embora também não tenha recursos para desmenti-la. Além disso, em muitas das interpretações que apresenta, não se vê essa ligação, a não ser no nível formal – por exemplo, ao mostrar que o sonho revela desejo de onipotência, característico da infância. Em segundo lugar, Freud faz uma ilação filogenética – que repetirá depois, em outros aspectos fundamentais de sua teoria:

> Além dessa infância do indivíduo, temos a promessa de uma imagem de uma infância filogenética – uma imagem do desenvolvimento da espécie humana, da qual o desenvolvimento do indivíduo é, na verdade, uma recapitulação abreviada, influenciada pelas circunstâncias casuais da vida. Podemos imaginar como é acertada a afirmação de Nietzsche, segundo a qual nos sonhos "atua algum resto primitivo da humanidade, e que agora dificilmente podemos atingir por um caminho direto"; e podemos esperar que a análise de sonhos nos leve a um conhecimento da herança arcaica do homem, do que é psiquicamente inato nele. Aparentemente, os sonhos e as neuroses preservaram mais antigüidades mentais do que teríamos imaginado que fosse possível; de forma que a psicanálise pode reclamar um ponto elevado entre as ciências que se interessam pela reconstrução dos primeiros e mais obscuros períodos dos primórdios da espécie humana. (Freud, 1961, p.548-549)

Tanto nos textos aqui citados como em outras partes do livro, Freud aproxima as formas de expressão do sonho das formas encontradas na neurose e na psicose; portanto, o sonho estaria próximo da anormalidade da personalidade. Como se verá mais adiante, Freud também aproxima o sonho de algumas criações elevadas do pensamento humano, o que será outras das características distintivas de sua obra.

De qualquer forma, esse esquema permite responder à primeira pergunta, isto é, saber porque sonhamos. Freud diria que o sonho é uma forma de aliviar tensões: no sonho de tipo infantil, alivia-se uma tensão criada durante o período de vigília; no sonho de tipo adulto, alivia-se uma tensão, criada por um desejo inconsciente, que durante a vigília não consegue vencer a barreira da censura do pré-consciente. Como se vê, em qualquer dos casos o sonho é uma forma de permitir a expressão alucinatória de um desejo que de outra forma continuaria a exercer pressão na vida psicológica do indivíduo. Observe-se, além disso, como Freud aproxima essa expresão de desejo psicológico da expressão de necessidade física – por exemplo, a sede – que também pode provocar um sonho.

Resta ver a explicação de Freud para o segundo problema: como se forma o sonho, isto é, quais são os seus processos característicos.

Se o sonho exprime um desejo inconsciente, e se este só pode atingir a consciência depois de passar pela censura do pré-consciente, é preciso verificar como se dá essa passagem. Os vários aspectos que Freud descobre na formação do sonho têm em comum o objetivo de ultrapassar a censura, tornar o sonho aceitável pela consciência, ou, pelo menos, permitir a sua representação.

Para isso, o pensamento de sonho – isto é, o conteúdo latente – precisa, em primeiro lugar, encontrar um material recente, do dia anterior ao do sonho, e no qual consiga incluir-se para chegar à consciência. A situação pode ser representada aproximadamente da seguinte maneira: os pensamentos de sonho constantemente procuram uma forma de expansão, tal como ocorreria com uma caldeira sob pressão. Uma lembrança qualquer do dia anterior – quase sempre indiferente – oferece a oportunidade para que o desejo inconsciente possa atingir a consciência. Isso explica que o sonho sempre tenha – segundo Freud – ligação com algum acontecimento do dia anterior, embora essa inclusão decorra de uma deformação. Esta é, sob este aspecto como em outros, uma das características do sonho, pois só deformados os desejos inconscientes podem apresentar-se à consciência.

O segundo processo importante do sonho é a condensação. Esta é, de certo modo, imposta a Freud pela observação de que, durante a interpretação, um conteúdo manifesto relativamente reduzido se amplia em numerosos pensamentos de sonho. Como já foi indicado, Freud supõe que a formação do sonho percorra o caminho inverso, isto é, que muitos pensamentos de sonho se resumam em algumas imagens do sonho recordado. A condensação pode fazer-se através da reunião de várias palavras numa só (condensação verbal), através de uma figura coletiva (duas ou mais pessoas apresentadas como se formassem uma só), e assim por diante.

O terceiro processo é o do deslocamento: por exemplo, o que é central nos pensamentos de sonho aparece como secundário no conteúdo manifesto, e vice-versa. Outro exemplo seria a atribuição, a uma pessoa, de características de outra.

Pela importância que lhe foi atribuída – aparentemente mais por seguidores e críticos do que por Freud – o problema da representação por símbolos merece um comentário um pouco maior. Na edição original, de 1900, o problema dos símbolos era tratado apenas de passagem (cf. as observações de Strachey na edição inglesa). Na edição de 1925, Freud observa que apenas com as contribuições de Stekel chegou à compreensão mais completa da importância dos símbolos na elaboração dos sonhos, embora ao mesmo tempo faça restrições muito sérias ao método desse discípulo dissidente. Na verdade, o reconhecimento da simbologia onírica representa um problema para a interpretação do sonho: se esta pode ser obtida através de associações livres do sonhador, a representação através de símbolos seria um desmentido ao método, na medida em que torna desnecessária a associação livre. Freud enfrenta a dificuldade ao mostrar que o símbolo deve ser analisado em cada caso particular, mas essa é apenas meia solução, pois, levada às últimas consequências, equivaleria a negar a universalidade dos símbolos. De outro lado, se o símbolo não é universal – ou, pelo menos, se não tem uma grande generalidade – o seu valor na interpretação praticamente desaparece, e vale apenas como sugestão para o intérprete.

Finalmente, não escapa ao leitor a grande monotonia dos símbolos encontrados nos sonhos. Com poucas exceções – por exemplo, rei e rainha, para pai e mãe, príncipe e princesa para representar o sonhador ou a sonhadora – praticamente todos os outros símbolos representam os órgãos sexuais ou o ato sexual. Como exemplo dos primeiros, praticamente todos os objetos pontudos (órgão masculino) e todos os objetos ocos ou furados (órgão feminino); como exemplo do ato sexual, voar e subir escadas.

As críticas à interpretação e à teoria dos sonhos

Os aspectos mais gerais da teoria dos sonhos – na medida em que se ligam às outras suposições da psicanálise – devem ser englobados na crítica geral à concepção freudiana. Aqui, importa salientar apenas alguns aspectos peculiares à teoria dos sonhos.

Em primeiro lugar, parece indiscutível o valor da teoria – quando mais não fosse, por ser uma tentativa coerente para integrar o sonho na experiência e no comportamento do homem. Sob esse aspecto, Freud tinha razão para orgulhar-se desse livro –, afinal, ainda hoje é impossível pensar nos sonhos sem levar em conta a teoria de Freud. Fundamentalmente, pôde demonstrar que o sonho não é um aspecto isolado de nossa experiência, mas uma parte integrante da vida global. Em segundo lugar, a ideia de que o sonho é uma realização de desejo permite compreendê-lo como forma de alívio de tensões físicas (sede e sexo, por exemplo) e psicológicas, isto é, permite uma caracterização geral do sonho. Em terceiro lugar, a ideia de interpretar o sonho – que leva à suposição de conteúdo latente e conteúdo manifesto – abriria um largo caminho, não apenas à compreensão do sonho, mas também de outros aspectos da vida mental do homem.

Todos esses méritos – que provavelmente nenhum psicólogo negaria – não impedem uma pergunta: como podemos estar certos de que a interpretação é correta? Várias dúvidas se apresentam imediatamente ao pensamento de Freud, e a muitas delas procurou dar uma resposta satisfatória. Muitas dessas dúvidas decorrem do fato de a interpretação do sonho – de qualquer sonho – referir-se a um acontecimento passado, e não permitir a previsão. No caso, o intérprete caminha do conteúdo manifesto para o conteúdo latente, e faz a hipótese de que o trabalho do sonho realizou o caminho inverso.

Isso explica que algum tempo depois da apresentação da teoria de Freud tenham surgido várias tentativas para provocar exatamente esse caminho inverso: apresentar a sugestão para o sonho (pensamentos latentes) e verificar qual o conteúdo manifesto daí resultante.

Alguns dos trabalhos sobre sonhos experimentais – realizados por Karl Schroetter, Gaston Roffenstein e M. Nachmansohn – foram traduzidos para o inglês e comentados por David Rapaport (1959, p.234-287).

De modo geral, embora muitas dúvidas e muitos problemas teóricos e técnicos não tenham sido solucionados adequadamente, os trabalhos experimentais parecem confirmar a teoria de Freud. Apesar de variações em aspectos secundários, os sonhos experimentais utilizam o seguinte esquema: depois de hipnotizar a pessoa, o experimentador sugere um conteúdo latente para o sonho; às vezes se indica também que o sonho deve apresentar-se de tal forma que não permita identificação do conteúdo latente. Pode-se dizer que tais sonhos obtidos por sugestão hipnótica, às vezes pós-hipnótica, confirmam a teoria de Freud, segundo a qual existe uma separação entre conteúdo latente e conteúdo manifesto do sonho; confirmam também alguns dos mecanismos – sobretudo a simbolização – através dos quais o sonho disfarça seu conteúdo latente.

Outro tipo de verificação experimental da teoria de Freud foi apresentado por Otto Pötzl, Rudolf Allers e Jakob Teller. O problema enfrentado por esses experimentadores consistia em verificar o aparecimento, no sonho, de figuras expostas durante período menor que o do limiar da percepção visual. De modo também geral, pode-se dizer que os experimentos tendem a confirmar as hipóteses freudianas, ao mostrar que as partes percebidas subliminarmente – isto é, inconscientemente – é que tendem a aparecer nos sonhos da noite seguinte (Pötzl; Allers; Teller, 1960).

No entanto, por mais interessantes que sejam tais experimentos, estão longe de confirmar toda a teoria freudiana. Observe-se, por exemplo, que se referem apenas a estímulos imediatamente anteriores ao sonho, enquanto Freud supõe que o sonho seja elaboração de material infantil. Na teoria freudiana, tais sonhos experimentais seriam apenas o veículo apreendido pelo inconsciente para encontrar expressão, mas não poderiam deixar de revelar os impulsos infantis – e estes, evidentemente, não estariam sujeitos ao controle experimental.

Finalmente, a importância da teoria dos sonhos apresentada por Freud não deve fazer com que sejam esquecidas as suas limitações. A leitura de *A interpretação dos sonhos* convence o leitor de que Freud parece ter levado longe demais sua tendência para a sistematização. A sua afirmação básica – segundo a qual o sonho é sempre realização de um desejo – pode ser, quando muito, uma hipótese produtiva. Na verdade, Freud é obrigado a tantas hipóteses complementares para sustentar essa hipótese fundamental, que o valor desta última praticamente se perde, pelo menos em muitos casos – veja-se, por exemplo, o fato de ser obrigado a supor um desejo masoquista, ou um desejo de desmentir o analista para continuar a afirmar que o sonho é realização de desejo.

Outra limitação muito séria refere-se ao método de interpretação. Embora Freud tenha sido cauteloso, e embora tenha reconhecido que nem todos os sonhos podem ser interpretados, além de ter dito que nem sempre podemos estar certos de ter dado a interpretação correta, isso ainda não afasta todas as dificuldades características de seu método. A partir da associação livre, o sonhador chega inevitavelmente a muitos pensamentos de sonho. Não há dúvida de que a organização dada por Freud a esses pensamentos sempre parece convincente, pelo menos intuitivamente. De forma que a interpretação parece revelar uma vida mental inconsciente, paralela à vida consciente. Mas não há dúvida também de que essa vida mental inconsciente é inferida pelo analista, a partir de material consciente. Portanto, a interpretação é quase equivalente a uma versão em que conhecêssemos apenas uma língua e precisássemos inferir a língua original em que foi escrita a mensagem por nós recebida. Esse caráter da interpretação dos sonhos fica bem claro quando se pensa nos símbolos. Se uma pessoa sonha com voo, a interpretação diz que isso indica realização de desejo sexual; portanto a linguagem do consciente (voo) é traduzida para o seu significado inconsciente (desejo sexual). Se essa tradução fosse unívoca, seria uma chave preciosa para a compreensão do inconsciente, e, na verdade, este se tornaria transparente.

No entanto, nem todos os sonhos apresentam símbolos universais e, mais ainda, como se viu há pouco, os símbolos apresentam uma terrível monotonia: quase todos se referem a órgãos ou atos sexuais. De forma que o laborioso trabalho de interpretação se torna quase inútil, pois o seu resultado é quase sempre o mesmo. O outro problema sério da interpretação refere-se ao fato de, ao lado do sonho complexo e aparentemente incoerente – isto é, do sonho que precisa ser interpretado, através de associação livre ou de símbolos – podemos ter também os sonhos que Freud classificou como de "tipo infantil". Se este fosse sempre inocente, isto é, não violasse as normas morais, seria possível dizer que, nesse caso, não existe necessidade de disfarce, nem interferência da censura. No entanto, não é isso que ocorre: muitos sonhos de tipo infantil, sonhados por adultos, apresentam claramente a realização de um desejo que é ou deveria ser proibido. Parecem relativamente frequentes os sonhos nitidamente sexuais – cujo conteúdo se aproxima daqueles a que Freud chega, nos sonhos aparentemente sem sentido, através da interpretação. Esta observação seria suficiente para mostrar como a teoria de Freud parece incompleta, pois admite que o conteúdo latente se disfarça porque não seria aceito no pré-consciente. Mas não pode negar que em outro momento, ou outro sonho, o mesmo conteúdo aparece diretamente à consciência, aparentemente sem qualquer disfarce.

Outra dificuldade da teoria freudiana está naquilo que é talvez a sua maior contribuição para a compreensão do sonho: na sua suposição de que este representa uma forma arcaica ou infantil de funcionamento mental. Essa suposição foi empregada, não apenas para a análise do sonho, mas também dos mitos e de vários aspectos da vida mental e social. Essa tese talvez não apresentasse tantas dificuldades se fosse limitada à forma do sonho; no entanto, a suposição de Freud é que seja válida também para o seu conteúdo. Ora, isso equivale a supor que toda a vida onírica do indivíduo gire em torno de desejos da primeira infância, o que é certamente uma suposição discutível – se não por outra razão, pelo menos pela limitação extrema da vida mental da criança. Se se considera que esta não tem conhecimento do funcionamento do organismo, nem das relações objetivas entre coisas e pessoas, é fácil compreender que dificilmente poderia criar todos os símbolos e todas as relações que aparecem nos sonhos.

Um exemplo poderá esclarecer essas dificuldades. É provavelmente experiência frequente que um sonho renove, para a pessoa, um sentimento que parecia adormecido: seja a evocação de uma pessoa morta há muito tempo, seja a realização de um sentimento adormecido ou aparentemente extinto. O sonho pode também provocar a reação de ciúme, ainda que este não se manifestasse antes, durante a vigília. Em todos esses casos, é difícil admitir a presença de desejos ou sentimentos infantis; ao contrário, tais sonhos supõem uma vida afetiva relativamente complexa, dificilmente redutível a uma vida afetiva anterior aos acontecimentos supostos pelo sonho.

A dificuldade básica da interpretação será encontrada em outros pontos da teoria freudiana, mas deve ser aqui mencionado de passagem. Ao interpretar o sonho, através da associação livre, Freud supõe que as ideias que aparecem durante a análise constituíram a causa do sonho. A justificativa para essa suposição está no fato de que os acontecimentos recordados são anteriores ao sonho e, portanto, estabelecem uma corrente que chega até este último. Como interpretação global, a hipótese poderia ser válida, pois seria possível sustentar que a reação de determinado momento só se explica pelos acontecimentos anteriores. O problema consiste em saber quais são esses acontecimentos anteriores, pois é evidente que não podem ser todos ao mesmo tempo, a não ser que se admita que cada ato momentâneo dependa de toda a experiência anterior, o que seria evidentemente absurdo. Quando escrevo a máquina, a experiência significativa, para explicar esse comportamento, é a aprendizagem anterior com máquinas de escrever. É provavelmente correto dizer que o fato de ter sido desmamado mais cedo ou mais tarde tem pouca influência na velocidade com que escrevo – embora evidentemente se possa supor que certas tendências gerais de comportamento, devidas a essa experiência infantil, se revelem também ao escrever a máquina.

Referências bibliográficas

BONAPARTE, M.; FREUD, A.; KRIS, E. (ed.) *The Origins of Psychoanalysis*: Sigmund Freud: letters, drafts and notes to Wilhem Fliess (1887-1902). Nova York: Basic Books, 1954.

BROMBERG, W. *The Mind of men*: a History of Psychotherapy and Pyschoanalysis Nova York: Harper, 1963.

FOULQUIÉ, P.; DELEDALLE, G. *A Psicologia Contemporânea*. São Paulo: Nacional, 1960.

FREUD, S. *Obras Completas*. v.1. Trad.: Luiz López-Ballesteros y de Torres. Madri: Biblioteca Nueva, 1948.

_____. *The Interpretation of Dreams*. Trad.: James Strachey. Nova York: John Wiley & Sons, 1961.

JONES, E. *The Life and Work of Sigmund Freud*: the Formative Years and the Great Discoveries 1856-1900, v.1. Nova York: Basic Books, 1956.

MALINOWSKY, B. *Magic, Science and Religion and other Essays*. Glencoe: The Free Press, 1948.

PÖTZL, O.; ALLERS, R.; TELLER, J. Preconscious Stimulations in Dreams, associations and images. *Psychological Issues*. Nova York v.II (3) monograph 7, 1960.

RAPAPORT, D. *Organization and Pathology of Thought* selected sources, 3. imp.; Nova York: Columbia University Press, 1959.

SARBIN, T. R. Attempts to Understand Hypnotic Phenomena. In: POSTMAN, L. (org.) *Psychology in the Making*: Histories of Selected Research Problems. Nova York: Knopf, 1962.

ZILBOORG, G. *A History of Medical Psychology* in collaboration with George W. Henry. Nova York: W.W. Norton, 1941.

4
C. G. Jung (1875-1961)

Carl Gustav Jung foi, durante algum tempo, o discípulo predileto de Freud. Embora seja possível pensar em conflitos específicos como responsáveis pela separação, o conhecimento das duas personalidades não deixa dúvidas quanto à inevitabilidade do choque. Freud era ateu e racionalista, enquanto Jung era religioso e místico; Freud desejava dominar o inconsciente, pois este representava ameaça à civilização, enquanto Jung desejava permitir a expressão do inconsciente, pois só assim o homem chegaria a ter uma vida saudável e equilibrada. Essas diferenças explicam, em grande parte, o destino diverso das duas teorias, e não apenas o choque entre Freud e Jung. Antes da exposição da teoria de Jung, convém lembrar algumas características de sua autobiografia, pois esta, sob alguns aspectos, é uma boa introdução à sua obra.

A autobiografia de Jung

O livro de memórias de Jung (1963) foi cercado, pelo autor, de grande mistério. Segundo Aniela Jaffé, que registrou as recordações de Jung, este escreveu apenas alguns capítulos do livro, e não desejava sua publicação entre suas obras completas, nem que aparecesse antes de sua morte. Essas circunstâncias são significativas. A autobiografia de Jung parece não ter nascido de um impulso espontâneo de confissão, frequentemente responsável pelas autobiografias mais autênticas. Embora os motivos para a confissão sejam muito diversos, e variáveis de pessoa para pessoa, sempre podemos supor um impulso fundamental que leva o indivíduo a descrever publicamente os seus sentimentos e suas experiências. No caso de Jung, como a autobiografia foi, de certo modo, solicitada ou imposta pelos outros, deve-se supor uma resistência muito grande à revelação do mundo interior. A pergunta seguinte refere-se à origem dessa resistência. Aniela Jaffé sugere que essa resistência poderia decorrer da incompreensão que Jung esperava quanto aos seus sentimentos religiosos, e que já teria encontrado na publicação de *Resposta a Job* (Jung, 1965b). Outra resistência poderia ligar-se à menção de pessoas muito conhecidas, e que Jung não desejaria comprometer. Todas essas razões, no entanto, podem ter sido secundárias, pois é possível supor que Jung, como Freud, não desejasse apresentar publicamente suas memórias. O porquê dessa resistência fundamental é outra questão, mas não seria absurdo supor que Jung tivesse, diante de suas memórias, a mesma reação de um leitor desprevenido: a sua autobiografia nada apresenta de fundamental para nossa compreensão da personalidade humana. Pelo menos, nada apresenta de novo, com relação ao que Jung apresentara em seus outros livros.

Essas observações não impedem que, para a compreensão de sua teoria, o livro de memórias tenha certa importância. Tal como ocorreu com Freud, as experiências infantis de Jung tiveram grande influência na elaboração de sua teoria. Se isso não torna a teoria supérflua ou subjetiva, é também indício de inevitável limitação, pois mostra que a psicologia de Jung, como a de Freud, resulta da apreensão de uma determinada amplitude da experiência humana.

A infância

Jung foi, durante nove anos, o filho único de um pastor protestante, e percebeu, desde muito cedo, que seus pais não formavam um casal feliz. Houve várias separações, e Jung viveu algum tempo com uma tia. Aparentemente, entre o pai e a mãe, o pequeno Jung inclinava-se para o lado do pai, provavelmente porque este lhe inspirava maior confiança: "eu me perturbava profundamente com o fato de minha mãe estar longe. A partir de então sempre ficava desconfiado quando se pronunciava a palavra 'amor'". Durante muito tempo, o sentimento associado com "mulher" era o de insegurança. De outro lado, "pai" significava segurança – e incapacidade. Embora saliente que esses sentimentos posteriormente se modificaram, Jung acreditava que tiveram grande influência em sua formação.

Outra pessoa importante em sua formação foi a empregada doméstica que dele cuidava na ausência da mãe, e Jung dirá que essa mulher – de tipo físico bem diverso do de sua mãe – será um dos elementos formadores de sua *anima*.

Mais importante do que esses acontecimentos externos foi, segundo Jung, o seu desenvolvimento interior. Algumas experiências, sobretudo as religiosas e as ligadas à observação de pessoas mortas pelas enchentes de um rio, ficaram fundamente gravadas na vida da criança e terão grande papel nas suas teorias. De qualquer modo, o fato de viver numa família religiosa colocou Jung, desde muito cedo, em contato direto com a religião e com algumas de suas contradições – sobretudo a ideia do conflito entre a bondade de Deus e a existência da morte e da infelicidade. Não se deve afastar a possibilidade de que a teoria, criada já na velhice, influencie a evocação da infância; todavia, é também legítimo supor que a experiência infantil esteja na raiz da teoria da maturidade e da velhice.

Desde cedo, também, Jung tem visões e sonhos que não revela aos outros:

todos os tipos de coisas aconteciam à noite, e eram coisas incompreensíveis e alarmantes. Meus pais dormiam separados. Eu dormia no quarto de meu pai. Da porta do quarto de minha mãe vinham influências amedrontadoras. À noite, a mãe era estranha e misteriosa. Uma noite, vi que, de seu quarto, vinha uma figura indefinida e fracamente iluminada, cuja cabeça se separava do pescoço e flutuava à frente deste, no ar, como pequena lua. Imediatamente depois aparecia outra cabeça, que também se separava. Esse processo se repetiu seis ou sete vezes. (Jung, 1963, p.31)

Como filho único, brincava constantemente sozinho e, segundo diz, percebia o mundo externo como suspeito e hostil. Esse encapsulamento no mundo interior será uma constante na vida de Jung e raramente ele se volta para o mundo externo; por isso mesmo, seus brinquedos infantis adquirem um relevo, para a personalidade adulta, que geralmente não têm para as pessoas. Já casado, volta para a casa onde passou a infância, e sente uma quase irresistível atração pela pedra em que, quando menino, costumava sentar-se e devanear.

Escola

Aos 11 anos, Jung vai frequentar o ginásio de Basileia. O ginásio lhe dá a ideia da pobreza da família e da rusticidade de seus antigos companheiros. Nessa época também começam a acentuar-se suas preocupações religiosas.

No estudo, tem grande dificuldade em matemática, sobretudo em álgebra; também não consegue desenhar cópias de modelo, embora diga ser capaz de desenho "de imaginação"; finalmente, não conseguia frequentar exercícios de ginástica, pois não tolerava obedecer aos outros. Além disso, diz Jung, alguns acidentes que sofrera na infância provocaram sua timidez física, que se ligava a uma desconfiança do mundo.

Aos 12 anos, desenvolveu uma neurose. Foi empurrado por um colega e a queda provocou uma vertigem. Segundo Jung, semiconscientemente teve, nesse momento, a ideia de que, se estivesse doente, não precisaria ir à escola. A partir de então, sempre que precisava voltar às aulas, tinha vertigens. Quando, sem ser percebido, ouve seu pai dizer a um amigo que não sabia o que seria do filho se não se curasse, decide superar sua fraqueza. Segundo Jung, nesse momento aprende o que é uma neurose.

Outra experiência dessa época é a descoberta de duas pessoas em seu eu. Uma, era o menino inseguro e incapaz de aprender algumas coisas, como álgebra; a "outra" era um velho do século XVIII. Essa noção lhe vem do fato de ter visto uma carruagem e ter tido, imediatamente, a certeza de que essa carruagem era de seu tempo. Tem, também, uma visão religiosa que o leva a concluir que a religião tradicional não corresponde ao desejo de Deus; isso, num filho de pastor, deveria forçosamente conduzir a intenso conflito e solidão, pois não poderia conversar a respeito com outras pessoas.

Curso de Medicina

Depois de ficar muito tempo indeciso quanto a uma carreira, Jung acaba por decidir-se pela medicina, apesar das dificuldades econômicas de sua família. Essas dificuldades são superadas através de uma bolsa de estudos da Universidade de Basileia.

Segundo Jung, os anos de estudante foram muito bons, não apenas pela estimulação intelectual, mas também pelas amizades. As discussões não se referiam apenas a questões médicas, mas também à filosofia, e Jung destaca o seu interesse por Kant, Schopenhauer e Nietzsche. Teve, além disso, muito estímulo para discussões religiosas. Outro acontecimento importante da época é a sua descoberta do espiritismo: em sua casa observa diferentes fenômenos parapsicológicos e entra em contato com um grupo de parentes que realizavam sessões espíritas.

Finalmente, ao preparar-se para os exames de Estado (que davam direito ao exercício da medicina) Jung tem seu interesse despertado pela psiquiatria – através do manual de Krafft-Ebing – e decide dedicar-se a essa especialização. Nesta, a ideia fundamental de Jung foi, inicialmente, o sentido humano das alucinações.

É curioso observar que apenas no último dia de exame Jung vai pela primeira vez ao teatro, pois antes não tinha recursos para fazê-lo; foi ver *Carmen* de Bizet.

Finalmente, a 10 de dezembro de 1900 torna-se assistente no Hospital Burghölzli para Doenças Mentais, em Zurique.

Atividades profissionais

Segundo Jung, sua pergunta fundamental na psiquiatria era a seguinte: o que ocorre no íntimo do doente mental? A psiquiatria da época, diz ele, não se interessava por isso, mas apenas por diagnóstico, descrição de sintomas e organização de estatísticas.

Jung tenta conversar com os psicóticos e descobrir sua história e seus sonhos:

> em muitos casos de psiquiatria, o paciente tem uma história não revelada, e que geralmente ninguém conhece. Penso que a terapia começa apenas depois da pesquisa da história pessoal completa. Esta é o segredo do paciente, a pedra contra a qual a pessoa é triturada. Se conheço sua história secreta, tenho uma chave para seu tratamento. A tarefa do médico é descobrir como obter esse conhecimento. Na maioria dos casos a exploração do material consciente é insuficiente. Às vezes o teste de associação pode servir para abrir o caminho: o mesmo ocorre com a interpretação dos sonhos, ou um longo e paciente contato humano com a pessoa. Na terapia, o problema é sempre a pessoa total, nunca o sintoma isolado. Precisamos propor questões que abalem a personalidade total. (Jung, 1963, p.118)

O pensamento de Jung pode ser exemplificado através de uma paciente. Essa moça tinha desistido de casar com um homem muito requestado, pois este aparentemente não se interessava por ela. Depois de casar com outro homem, uma de suas amigas lhe diz que, na realidade, o rapaz de que gostara se interessava por ela. Isso provoca um processo de depressão, que se acentua quando, por sua culpa, morre um de seus filhos. Para Jung, ela só poderia curar-se quando aceitasse a responsabilidade pelo crime cometido e pagasse por ele, e é isso que acontece. A história de outra paciente, que se recusa a dar o nome e deseja apenas confessar-se, é também um bom exemplo da interpretação junguiana. Essa mulher tinha cometido um crime que não fora descoberto. Apaixonou-se pelo marido de uma amiga e conseguiu envenená-la, casando-se depois com ele. Este morreu relativamente jovem, e a filha, logo que cresceu, passou a evitar a mãe. Quando vai procurar Jung, a pessoa sente que os cavalos ficam nervosos quando tenta montá-los, e, finalmente, seu cão predileto fica paralítico. Deseja confessar seu crime porque já não tolera a solidão.

A relação com Freud

Em sua autobiografia, Jung indica a importância de Freud, pois este introduziu a psicologia na psiquiatria, isto é, procurava compreender os casos individuais. Apesar desse reconhecimento, Jung não esclarece convenientemente a significação de Freud para o desenvolvimento de sua teoria. Na versão tradicional, Jung e Adler seriam discípulos divergentes, isto é, depois de aceitarem a teoria freudiana passaram a advogar transformações heterodoxas nessa teoria. Na versão que apresenta em sua autobiografia, Jung fornece descrição bem diversa, e convém resumi-la, pois essa apresentação oferece elementos preciosos para nosso entendimento da teoria.

Jung, ao contrário de Freud, trabalhava mais com psicóticos do que com neuróticos; apesar disso, como se indicou antes, procurava o sentido dos sintomas e a significação da história individual. Desde o começo de sua atividade na psiquiatria, diz Jung, foi muito estimulado pelos trabalhos de Pierre Janet, Breuer e Freud – sobretudo deste último. Embora inicialmente não tenha compreendido adequadamente a *A interpretação dos sonhos* no ano de sua publicação (isto é, 1900), três anos depois já consegue apreender o seu alcance. Para Jung, as ideias de Freud coincidiam com as suas, e dava especial importância à ideia de repressão. Mas não foi fácil reconhecer a posição de Freud em sua vida: os seus trabalhos sobre associação concordavam com a teoria de Freud, mas este não era bem recebido nos meios acadêmicos. Escreve Jung:

> uma vez, quando estava em meu laboratório e refletia a respeito dessas questões, o demônio sussurrou-me que eu teria justificativa para publicar os resultados de meus experimentos e minhas conclusões, bem antes de ter compreendido o seu [de Freud] trabalho. Mas depois ouvi a voz de minha segunda personalidade: "se você fizer isso, como se não tivesse conhecimento de Freud, cometeria uma falsidade. Você não pode construir sua vida sobre uma mentira." Com isso, a questão estava decidida. A partir de então tornei-me um adepto explícito de Freud e lutei por ele. (Jung, 1963, p.145-146)

Quando, em 1907, envia a Freud um exemplar de seu livro sobre demência precoce, dele recebe um convite para ir a Viena e nesse primeiro encontro Jung tem uma intensa impressão da personalidade de Freud. Desde o início, no entanto, surpreende-se com a importância que Freud atribui à sexualidade. Recorda que Freud lhe disse: "meu caro Jung, prometa-me jamais abandonar a teoria sexual. Isto é a coisa mais essencial. Precisamos fazer dessa teoria um dogma (…)" Já a partir de 1909, quando viaja com Freud para os Estados Unidos, Jung sente que suas relações estão estremecidas, e a publicação, em 1912, no seu livro *Transformações e Símbolos da libido* (mais tarde reeditado com o título de *Símbolos de transformação*) provocaria a ruptura definitiva entre ambos. (Jung, 1956)

O rompimento com Freud, diz Jung, representou o início de grandes dificuldades: todos os seus amigos e conhecidos se afastaram, o seu livro foi severamente criticado, ele próprio foi considerado um místico. Não é muito fácil aceitar essa interpretação, quando poucos anos antes, segundo Jung, o sacrifício fora colocar-se ao lado de Freud.

É certo que, em 1912, Freud começava a ser reconhecido e aceito; mas isso não significa que já não houvesse resistência à sua teoria. Muito ao contrário: o princípio da sexualidade como explicação geral do comportamento continuava a ser combatido, embora muitos estivessem dispostos a aceitar – como ainda hoje ocorre – a noção de inconsciente. Ora, Jung colocou-se na posição que era, do ponto de vista social e religioso, a mais cômoda, embora não o fosse do ponto de vista de seu prestígio no grupo de psicanalistas. Isso não significa que Jung tenha sido oportunista, seja ao aceitar Freud, seja ao afastar-se dele. Hoje, com o conhecimento das obras de Jung e, sobretudo, de sua autobiografia, é fácil compreender que não poderia ligar-se a Freud por muito tempo: Freud era um naturalista, indiferente à religião e ao misticismo; Jung, ao contrário, era fundamentalmente místico e religioso. Ambos poderiam entender-se quanto ao método de estudo, mas a oposição seria inevitável na interpretação de seus resultados. As explicações de Jung, ao dizer que Freud era neurótico ou transformava a sexualidade em religião são pouco convincentes. É também insuficiente a sua ideia de que tivesse uma formação intelectual muito diferente da de Freud. Jung diz que tinha conhecimento dos filósofos antigos e da história da psicologia. Ao comparar-se com Freud, escreve:

> quando pensava sobre sonhos e o conteúdo do inconsciente, nunca o fazia sem comparações históricas; como estudante, sempre usei o velho dicionário de filosofia de Krug. Eu conhecia, sobretudo, os escritores do século XVIII e do início do século XIX (...) Tinha a impressão de que a história intelectual de Freud, ao contrário,

começava com Büchner, Moleschott, Du Bois Reymond e Darwin. (Jung, 1963, p.136-7)

Como se viu na biografia de Freud, este conhecia os autores clássicos, embora neles não fosse especialista, e nem tivesse formação sistemática em filosofia. Mas Jung também não tinha essa formação sistemática, e como Freud ignorou todo o movimento da psicologia acadêmica de seu tempo.[1] Quando se pensa que ambos eram médicos e exerciam a clínica, essa observação deixa de ter qualquer sentido de crítica negativa ou restritiva. Quando se pensa que a psicologia e a filosofia tradicionais lidavam exclusivamente com o domínio consciente, compreende-se, também, que talvez tivessem pouco a oferecer a Freud ou Jung. De qualquer forma, do ponto de vista de uma psicologia sistemática ou teórica, ambos são incapazes de dar qualquer contribuição para alguns domínios tradicionais – como a percepção – e limitam-se à análise do inconsciente, embora cheguem a resultados muito diversos. Em nenhum domínio isso se torna mais claro do que no caso de sonhos e visões.

Sonhos e visões

Como Freud, Jung sonhava muito e lembrava os sonhos. Mas enquanto Freud interpreta os sonhos em função do passado, e nos acontecimentos anteriores busca uma explicação para seu conteúdo, Jung atribui ao sonho o seu sentido tradicional, isto é, de premonição ou antevisão do futuro. Outras vezes, o sonho é por ele interpretado como revelação de elementos sobrenaturais ou figuras ancestrais. Mas o misticismo de Jung pode ser identi-

---

1 Em *Novos caminhos para a psicologia*, Jung menciona a psicologia acadêmica, de Fechner, Wundt, Binet e outros – para dizer que nada podia oferecer a quem tivesse interesse por questões psicológicas (1961a, p.257-9).

ficado mais nitidamente na interpretação que apresenta de suas visões. A mais notável de todas é assim descrita por Jung:

> No início de 1944 quebrei meu pé, e essa infelicidade foi seguida por um ataque do coração. Num estado de inconsciência, tive delírios e visões que devem ter começado quando estive próximo do limite da morte, e recebia oxigênio e injeções de cânfora. As imagens eram tão extraordinárias, que concluí estar próximo da morte (...) Parecia-me estar elevado no espaço. À distância, via o globo da Terra, banhado em luminosa cor azul (...) Mais tarde descobri a que altura no espaço a gente precisa estar para ter uma visão tão ampla – aproximadamente mil milhas! (...) Algo prendeu minha atenção: ao aproximar-me do templo, tinha a certeza de estar prestes a entrar numa sala iluminada, e encontrar todas as pessoas às quais realmente pertenço. Aí – e isso era também uma certeza – finalmente compreenderia qual o meu vínculo, ou qual o vínculo de minha vida. (...) Minha vida, como a tinha vivido, frequentemente me parecia uma história sem princípio e sem fim (...) Estava certo de que todas essas questões seriam respondidas logo que entrasse no templo de pedra. Aí encontraria as pessoas que saberiam a resposta à minha pergunta sobre o que tinha sido antes e o que ocorreria depois. (Jung, 1963, p.270-272)

Essa visão termina ao ver o seu médico – em sua forma primitiva, como um basileu de Kos – que lhe traz uma mensagem para que não abandone a Terra. A seguir, tem a premonição de que o médico vai morrer, e é precisamente isso que ocorre.

Essa visão é bom exemplo da forma de pensamento de Jung, pois mostra a sua crença, não apenas em um mundo sobrenatural e extraterreno, mas também em nossa possibilidade de conhecê-lo.

A relação com o mundo externo

As memórias de Jung chamam a atenção pelas reduzidas referências ao mundo externo. Mesmo na descrição da família, existem referências mais ou menos longas ao pai e à mãe, mas pouquíssimas indicações sobre a irmã, que praticamente só aparece ao nascer e ao morrer. A sua vida afetiva é quase totalmente ignorada: o amor não aparece, e o sexo é indicado apenas através de sonhos, e assim mesmo simbolicamente. Sua mulher (Emma Jung) é mencionada de passagem, e o mesmo acontece com os filhos (teve quatro filhas e um filho). Embora tenha chegado a conhecer netos e bisnetos, toda essa grande família é ignorada em suas recordações. Os amigos, com a exceção de Freud, são também ignorados ou esquecidos. Ignora também acontecimentos históricos e as transformações sociais e políticas. Esse esquecimento não é casual. Jung opõe-se ao que lhe parece a tendência materialista e naturalista do mundo contemporâneo; sente-se um desterrado nesse mundo. Apesar da verdadeira consagração mundial de que gozou durante dezenas de anos, insiste frequentemente nessa incompreensão básica que o separaria dos contemporâneos.

Não é fácil explicar a persistência dessa atitude. Ao contrário de Freud, Jung triunfou com relativa facilidade, e aparentemente teve situação econômica muito boa. Uma explicação poderia ser encontrada em sua rivalidade com Freud, pois sentiu que nunca teve o mesmo prestígio do amigo.

Teoria de Jung

Primeira fase: a aceitação de Freud

Atualmente, não é fácil verificar, com precisão, até que ponto Jung aceitou as ideias de Freud. Os dados que apresenta em suas memórias são contraditórios. De um lado, ao lembrar sua amizade com Freud, procura sugerir que sempre tivera objeções à teoria da sexualidade, e que algumas das suas ideias anteriores coincidiam com as de Freud. No entanto, A. A. Brill, que conheceu Jung no seu período de aceitação de Freud, e estagiou no Hospital Burghölzli – dirigido por Bleuler, chefe de Jung –, diz que este não só aceitava Freud, mas era intolerante nessa convicção (Brill, 1938, p.26-7) e incapaz de admitir qualquer crítica. Basta uma leitura atenta de suas memórias para perceber a contradição de suas evocações. Embora antes tenha dito que suas ideias apenas em parte coincidiam com as de Freud, diz que, depois do rompimento com este,

> começou para mim um período de desorientação interior. Não seria exagero denominá-lo um estado de desorientação. Eu me sentia inteiramente no ar, pois não tinha encontrado ainda o meu apoio. Acima de tudo, achei necessário desenvolver uma nova atitude para com meus pacientes. (Jung, 1963, p.165)

Ora, se já tivesse um sistema teórico, diferente do de Freud, essa desorientação não deveria ocorrer.

De outro lado, essa aparente contradição talvez possa ser explicada de outra forma. Pode-se supor que a sua intolerância de ideias opostas à de Freud tenha resultado, precisamente, de dúvidas muito profundas quanto à sua correção. Em outras palavras, como intimamente duvida de Freud, precisa afirmar, com muita ênfase, o seu acerto. Nesse caso, a sua interpretação na autobiografia não seria contraditória e nem oposta ao depoimento de Brill.

Outra interpretação pode ser sugerida pela correspondência com Freud. Nas poucas cartas de Freud a Jung que foram publicadas[2] percebe-se que Freud se impressiona com a necessidade que Jung tem de ser aceito pelos outros. A reação de Freud, nesse

---

[2] Referência datada de 1968 quando da redação dos originais de *História da psicologia contemporânea*. Anterior, portanto, à publicação da correspondência coligida McGuire, William (Ed.). *The Freud/Jung Letters the correspondence between Sigmund Freud and C.G. Jung*. Princeton: University Press, 1974 (N. O.)

caso, é ambivalente: de um lado, acredita que Jung será mais capaz de tornar a psicanálise aceitável pelo público; de outro, indiretamente adverte Jung do perigo dessa atitude, e sugere que o destino da teoria nova é enfrentar a incompreensão do público. Numa carta, citada por Jones (1956, p.144), quando Jung escreve que, nos Estados Unidos, conseguira tornar a psicanálise mais aceitável ao não mencionar os temas sexuais, Freud responde que, nesse caso, seria suficiente deixar mais coisas de lado para que ela fosse ainda mais aceitável. Jones sugere, ainda, que o ambiente suíço tornava mais difícil, para Jung e Bleuler, a exposição dos temas sexuais. Evidentemente, essas várias interpretações não são exclusivas, e todos esses fatores podem ter contribuído para a separação.

Do ponto de vista do desenvolvimento teórico de Jung é ainda mais difícil conseguir uma apreciação objetiva, pois em sucessivas edições do mesmo livro incorpora suas teorias mais recentes. Os expositores de sua teoria também não procuram estabelecer uma correlação entre suas teorias iniciais, quando estava sob a influência de Freud, e as suas versões posteriores. Patrick Mullahy (1955), por exemplo, expõe sobretudo o que corresponderia às primeiras versões da teoria; Jolande Jacobi (1962) expõe, aparentemente, a sua versão final.

Apesar disso, é possível salientar alguns aspectos bem significativos na fase freudiana de Jung. O primeiro parece ser uma aceitação integral de Freud. Por exemplo, no trabalho intitulado *Novos caminhos da psicologia* (1912), e que depois foi reeditado com o título de *Psicologia do inconsciente,* Jung aceita integralmente a interpretação dos sonhos sugerida por Freud. Isso, como se disse antes, torna difícil acreditar em sua afirmação posterior de que desde o início se opôs a tal interpretação. Além disso, aceita também a explicação da neurose através de conflito sexual. Diz Jung:

> Frequentemente ouço a seguinte pergunta: por que é que o conflito erótico deve ser a causa da neurose e não qualquer outro

conflito? A isso só é possível uma resposta: ninguém afirma que deva ser assim, mas apenas que, na realidade, é isso que ocorre. Apesar de todos os protestos indignados, continua a ser verdade que o amor, seus problemas e conflitos têm importância fundamental na vida humana e, como se verifica consistentemente em pesquisa cuidadosa, têm significação muito mais ampla do que supõe o indivíduo. (Jung, 1961a, p.268)

O segundo aspecto desse artigo é a tentativa de ligar os problemas psicológicos à situação social. Escreve Jung:

> as pessoas ponderadas (*serious-minded*) sabem que hoje existe um problema sexual. Sabem que o rápido desenvolvimento das cidades, com a especialização de trabalho provocada pela extraordinária divisão de trabalho, a crescente industrialização do campo e o crescente sentimento de insegurança privam os homens de muitas oportunidades para a expressão de suas energias afetivas. O ritmo alternado de trabalho do camponês dá a este, através de seu conteúdo simbólico, satisfações inconscientes – que os operários de indústrias e os funcionários de escritório não conhecem e não podem gozar. (idem, ibidem, p.269)

A seguir, Jung procura descrever a vida diária na cidade contemporânea, mostrar que a atividade do indivíduo não tem sentido e que aí não pode empregar suas energias. Finalmente, sugere que a ausência de crença religiosa autêntica é fonte da instabilidade da vida moral. Por isso,

> aqui está a origem da maior parte de nossos conflitos éticos. O impulso para a liberdade enfrenta as barreiras enfraquecidas da moralidade: estamos em estado de tentação, desejamos e não desejamos. E como desejamos e, apesar disso, não podemos pensar no que desejamos realmente, o conflito é em grande parte inconsciente, e por isso se transforma em neurose. Portanto, a neurose está intimamente ligada ao problema de nosso tempo e realmente representa uma tentativa fracassada do indivíduo para resolver o problema em sua pessoa. A neurose é divisão do eu. (idem, ibidem, p.271)

O trecho é significativo por várias razões. Em primeiro lugar, porque sugere um interesse pela descrição concreta da vida social, que depois desapareceria dos trabalhos de Jung; esse interesse foi substituído por uma atitude reacionária, através da pregação de uma volta ao passado. Depois, indica o interesse pelo problema religioso, que iria assumir importância cada vez maior na obra de Jung. Portanto, nesse momento Jung ainda está teoricamente indefinido.

Um terceiro aspecto da primeira fase do trabalho de Jung reside no seu interesse empírico e científico. Nesse momento, Jung insiste na observação cuidadosa do paciente e tenta métodos de controle para a inferência. O mais conhecido desses métodos é a associação de palavras. Em vez da associação livre, como Freud, Jung emprega uma relação padronizada de palavras, às quais a pessoa deve responder. Através das respostas, o psicoterapeuta é capaz de identificar os complexos da pessoa. (V. adiante definição e discussão desse conceito, que Jung introduziu na psicanálise).

Psicologia Analítica: período de autonomia teórica

A fase aqui considerada como de autonomia teórica inicia-se em 1912, com o rompimento entre Freud e Jung, e vai até a morte deste último, em 1961. Ao romper com Freud, Jung já não pode, a rigor, empregar o nome de psicanálise para sua teoria, e escolhe a denominação de psicologia analítica, embora em alguns períodos tenha usado também o título de psicologia complexa. A teoria apresentou sucessivas ampliações e modificações, nas quais se observam uma religiosidade crescente e um interesse cada vez menor pela observação concreta. Embora Jung e seus discípulos sempre insistam na base empírica da teoria, e procurem negar a acusação de misticismo, uma análise objetiva não deixa muita margem a dúvidas. O depoimento de Viktor von Weizsaecker (1957, p.75) parece também conclusivo, ao afirmar que, com um grupo mais íntimo, Jung fez reviver algumas tradições do ocultismo, e que esse grupo era um substituto para a comunidade religiosa que abandonara.

No seu romance *A montanha mágica*, Thomas Mann descreve a evolução de um imaginário psiquiatra que, sob vários aspectos, se assemelha à de Jung. Saber se Thomas Mann pensou em Jung como modelo é questão pouco importante. O significativo é que tenha descrito essa evolução, colocando-a em confronto com as outras ideologias que tentam conquistar o herói, Hans Castorp.

> Com a passagem dos anos, as conferências de Krokowski apresentaram transformação inesperada. Suas pesquisas, que se referiam à psicanálise e à vida de sonhos da humanidade, tinham tido sempre um caráter subterrâneo, para não dizer de catacumbas; mas agora, por uma transição tão gradual que quase ninguém a percebeu, passaram francamente para o sobrenatural (...) e suas conferências já não tratavam das atividades disfarçadas do amor e da retransformação da doença na emoção consciente. Referiam-se aos fenômenos extraordinários do hipnotismo e do sonambulismo, telepatia, "sonhos reais" e visão profética (...) até ao enigma da vida que, aparentemente, era mais facilmente estudado através de caminhos estranhos ou mórbidos do que através da saúde. (Mann, 1962, p.653-4)

O notável, nessa descrição de Mann (publicada originalmente em 1924), é o fato de antecipar alguns dos desenvolvimentos futuros da psicologia de Jung.

Concepção da libido

Enquanto Freud pensa na libido como uma busca do prazer, e mais tarde a descreve como composta dos impulsos de Eros e Tânatos, Jung tem concepção muito mais ampla. Numa de suas definições (apresentada nos *Tipos psicológicos*, 1947) diz que libido é sinônimo de energia psíquica. Alguns autores (como Woodworth, 1956 e Foulquié, 1960) aproximam essa noção do conceito de élan vital, tal como este é apresentado por Bergson. Na realidade, Jung parece negar explicitamente essa sugestão:

> (...) sugeri que, diante do emprego psicológico que pretendemos fazer, essa energia vital hipotética seja denominada "libido". Nesse sentido, eu o distingui de um conceito de energia, e assim mantive o direito que têm a psicologia e a biologia de formarem os seus conceitos.[3]

Em outros textos, no entanto, Jung aproxima o conceito de energia de conceitos primitivos – alma, espírito, Deus, fertilidade, magia e outros. Depois, em Heráclito, aparece como energia do mundo; na Idade Média, como aura ou halo. Portanto, o conceito de energia é também arquetípico. A Figura 1, que imita um desenho de Jacobi, procura indicar essa concepção bem ampla de Jung, e os conceitos aí supostos serão explicitados nos parágrafos seguintes. Aqui, é suficiente indicar que a energia atinge todos os níveis, até o último, isto é, o indivíduo.

Em vários trabalhos, Jung procura mostrar que esse conceito se aproxima do conceito de energia usado na física. Por exemplo, em sua autobiografia escreve:

> Também na física falamos de energia e suas várias manifestações, tais como eletricidade, luz, calor etc. A situação na psicologia é exatamente a mesma. Também aqui lidamos fundamentalmente com energia, isto é, com medidas de intensidade, com quantidades maiores ou menores. (Jung, 1963)

---

3 Cit. por Jacobi, op. cit. p.52. Jacobi acrescenta que esse conceito nada tem a ver com a força vital.

A seguir, diz que, nessa concepção, os problemas qualitativos passam para um segundo plano, e critica Freud por ter reunido todos os instintos sob a sexualidade. Parece evidente, no entanto, que Jung não tem qualquer critério para realizar a mensuração dessa energia psíquica, ao passo que os físicos utilizam conceitos quantitativos.

O conceito de energia é complementado, em Jung, pelo de luta de opostos:

> o velho Heráclito, que foi realmente um grande sábio, descobriu a mais maravilhosa de todas as leis psicológicas: a função reguladora dos opostos. Denominou-a enantiodromia, isto é, andar na direção oposta, com o que indicava que cedo ou tarde tudo se transformava no seu oposto. (Jung, 1961b, p.82)

Oposição, aqui, não significa luta entre elementos estranhos: na realidade, é a vida psíquica que contém, potencialmente, esses elementos contrários, que tendem à autorregulação. Quando esta é evitada, acaba sempre por manifestar-se violentamente. Por exemplo, se negamos os nossos impulsos de irracionalidade, estes não desaparecem, mas surgem de maneira inesperada e, nesse caso, patológica. Portanto, cada subsistema tem uma dinâmica interna, independente de sua relação com outros subsistemas do conjunto. Observem-se, na figura da página seguinte, os vários níveis através dos quais se manifesta a energia; em cada um deles, existe essa oposição, embora Jung tenha dedicado análise mais minuciosa à existente na personalidade.

O outro princípio importante é que nunca se deve chegar a um equilíbrio perfeito, pois este indica morte, e não vida; vale dizer, o equilíbrio indicaria a inexistência de energia.

Tipos

Para muitos psicólogos, Jung ficou apenas como o criador de uma tipologia, e geralmente os manuais registram apenas esse aspecto de sua teoria. Além disso, os principais conceitos empregados por Jung para descrever os tipos – introvertido e extrovertido – passaram para a linguagem diária, e introvertido adquiriu um sentido até certo ponto negativo, que certamente não tem na teoria de Jung.

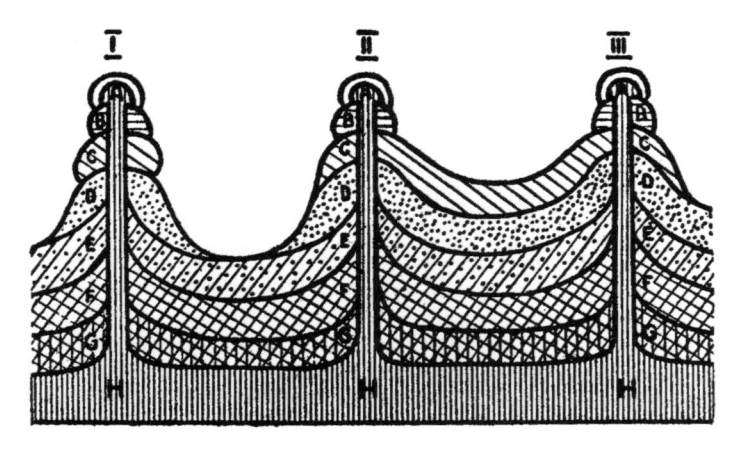

I. Nações Isoladas; II e III. Grupos de Nações (p. ex., Europa); A. Indivíduo; B. Família; C. Tribo; D. Nação; E. Grupo Étnico; F. Ancestrais Humanos Primitivos; G. Ancestrais Animais; H. Energia Central

A ideia de tipologia, tradicionalmente denominada caracterologia, é certamente muito antiga. Jung lembra que a mais antiga das caracterologias – a de Galeno – tem quase dois mil anos e distinguia o sanguíneo, o fleumático, o colérico e o melancólico. A vantagem do tipo é permitir uma classificação dos indivíduos, de forma que, diante de um indivíduo concreto, se conhecemos o seu tipo, conhecemos também algumas de suas características básicas. A desvantagem da tipologia, como o salientam vários teóricos da personalidade, é o fato de estabelecerem distinções arbitrárias e unidimensionais entre as pessoas. Jung reconhece essa limitação, mas supõe a necessidade de algum critério, ainda que provisório (Jung, 1961c, p.85-108). Outra observação importante refere-se ao conceito de tipos. Na tradição que vem de Dilthey, o tipo é sempre considerado ideal ou puro, admitindo-se que os casos concretos se aproximam mais ou menos do tipo. Nesse caso, não se espera, portanto, que o caso concreto corresponda ao tipo, e este é entendido apenas como um modelo, capaz de tornar a realidade mais inteligível. É assim que Spranger (1954), por exemplo, entende sua tipologia. Jung não tem esse conceito de tipo. Para ele, o "tipo é o exemplo ou modelo que reflete de modo específico o caráter de uma espécie". Mais adiante, nessa mesma definição, diz que "na medida em que uma disposição é habitual, imprimindo assim um determinado cunho ao caráter do indivíduo, falo de tipo psicológico" (Jung, 1947, p.561). Portanto, Jung não pensa num contínuo quantitativo – cujos extremos fossem a introversão e a extroversão – e no qual estariam colocados os indivíduos concretos. Ao contrário, o indivíduo é introvertido ou extrovertido. Essa observação é importante, pois dificulta ou impossibilita a sua aplicação quantitativa, pois para isto seria necessário admitir um ponto médio, para indivíduos que fossem, ao mesmo tempo, introvertidos e extrovertidos. Isso não impede, está claro, que se construam escalas para verificar introversão e extroversão; o que se quer dizer é que tais escalas são, a rigor, contrárias à teoria de Jung.

Na sua caracterização mais ampla, a tipologia de Jung supõe duas atitudes básicas. Na primeira, a libido está voltada para o exterior, isto é, a pessoa tem uma atitude positiva com relação ao objeto. Como se viu acima, Jung só fala de tipo quando esta atitude se torna habitual, isto é, o interesse ocasional ou momentâneo pelo objeto não indica tipo extrovertido. Na segunda atitude básica, a libido está voltada para dentro, isto é, existe uma atitude negativa entre sujeito e objeto. Em outras palavras, o extrovertido se caracteriza por interesse por pessoas, coisas e acontecimentos; é sociável e bem ajustado. O introvertido, ao contrário, procura a vida interior e tende a ser pouco sociável. Jung supõe a existência de uma incompreensão fundamental entre introversão e extroversão, e através deste antagonismo tende a explicar não só diferenças entre indivíduos, filosofias e concepções estéticas ou psicológicas, mas também entre civilizações. Por exemplo, considerava Adler como introvertido (pois acentuava a vontade de poder), enquanto Freud seria extrovertido, pois acentuava a influência de outras pessoas e acontecimentos externos. Está claro que Jung estaria entre os introvertidos, pois também salienta as forças interiores do indivíduo. No caso das civilizações, diz que o Oriente valoriza a introversão, enquanto o Ocidente é extrovertido; isso explicaria o maior desenvolvimento técnico do Ocidente, e o maior desenvolvimento espiritual do Oriente (Fordhem, 1964, p.30).

Aparentemente, Jung não se satisfaz com essa classificação em dois tipos – inicialmente apresentada – e estabeleceu subdivisões para eles. Estas decorrem do predomínio de uma, dentre quatro funções: pensamento, sentimento, percepção e intuição. Estes termos devem ser entendidos, diz Jung, em seu sentido corrente. Isso faz com que o número de tipos seja elevado para oito: extrovertido intuitivo, introvertido intuitivo, extrovertido sentimental e assim por diante. Embora a maioria das pessoas tenha o predomínio de apenas uma função, algumas podem usar duas e até três funções. Um caso extraordinário seria o emprego, pelo indivíduo, das suas quatro funções (ver, adiante, a discussão do processo de individuação). Na realidade, essas subdivisões nunca foram empregadas por outros psicólogos, mesmo por aqueles que – como Eysenck e Bernreuter – utilizaram os conceitos de introversão e extroversão. Apesar disso, Jung continuou fiel a essa distinção de funções, e aparentemente dava maior importância a elas do que à distinção introvertido-extrovertido. No entanto, é compreensível que na construção de escalas as funções sejam abandonadas, quando se pensa que as subdivisões são muito vagas, e só valem, provavelmente, em domínios de grande complexidade intelectual, como a poesia; além disso, quando se introduzem as subdivisões, a tipologia perde grande parte de sua atração, que é precisamente a simplicidade.

Finalmente, deve-se observar que esse foi dos primeiros trabalhos da fase de autonomia teórica de Jung; nos últimos quarenta anos de sua vida, teve interesse cada vez menor pelos processos conscientes, e a estes se refere a tipologia.

Teoria da personalidade

A figura abaixo, que também imita um desenho de Jacobi, permite uma representação gráfica, embora reconhecidamente imperfeita, da concepção junguiana da personalidade. Os seus limites mais amplos são o mundo exterior e o mundo interior. De acordo com a teoria de tipos, o extrovertido estaria voltado

MUNDO EXTERIOR
PERSONA
CONSCI- -ÊNCIA
EGO
INCONSCIENTE- EU -PESSOAL
INCONSCIENTE- -COLETIVO
SOMBRA
ANIMUS-ANIMA
MUNDO INTERIOR

para o mundo exterior; o introvertido, para o mundo interior. Essa distinção tipológica é, portanto, a caracterização mais ampla que se pode fazer da pessoa; a seguir, é necessário indicar os vários níveis da personalidade.

Persona

Para indicar o nível mais externo, de contato com o mundo exterior, Jung retoma a palavra latina *persona*. Esta designava a máscara que, no teatro antigo, os atores usavam para indicar o seu papel na representação. Para Jung, a pessoa normal deve ser capaz de usar diferentes *personae*, de acordo com as exigências do momento ou da situação. Nesse sentido, Jung pode dizer que a *persona* é uma espécie "de compromisso entre o indivíduo e a sociedade, quanto ao que um homem deve aparentar. (Jung, 1961c)" Por isso, também, não é paradoxal que a *persona* seja parte da psique coletiva, pois é modelada por esta e resulta de exigências sociais. Até aqui, a descrição de Jung está muito próxima do que os sociólogos e psicólogos sociais denominam o papel, isto é, o comportamento que o indivíduo apresenta por estar em certa posição. Seria possível dizer que a mesma pessoa apresenta a *persona* de professor, a de chefe de família, a de político, a de comprador, a de vendedor, e assim por diante. Mas a descrição de Jung vai um pouco mais longe, pois procura examinar o dinamismo entre a *persona* e a pessoa total. Em primeiro lugar, indica que nem sempre a pessoa apresenta na *persona* a sua função predominante. Uma pessoa cuja função predominante seja o pensamento pode colocar na *persona* o sentimento ou a intuição. Nesse caso, a impressão que causa nos outros é lamentável, ou parece a pessoa que "não tem sorte", "não encontra o seu caminho". Além disso, a pessoa pode identificar-se a tal ponto com a *persona* que o resto de sua personalidade se apaga ou desaparece. Esse seria o caso da pessoa que se identifica com seu cargo ou sua posição, e acaba sendo dominada por essa imagem social, que é apenas um disfarce para o vazio ou o infantilismo. Finalmente, a pessoa pode ser seduzida por imagens inconscientes, identificar-se com estas; nesse caso, terá delírios de grandeza ou de insignificância.

Ego e consciência

Se a *persona* é inteiramente consciente, o ego está no limite entre consciente e o inconsciente. Isso significa que o ego pode receber certos influxos do inconsciente, bem como reprimir ou suprimir determinados conteúdos, que então se tornam inconscientes. De outro ponto de vista, o ego é o centro da consciência, o que significa, aparentemente, que é sua parte mais nítida. Como se vê, o ego é a parte da personalidade a que Jung dá menos atenção; como já se observou antes, o mesmo ocorre na doutrina de Freud. Nos dois casos, a deficiência resulta do fato de as teorias não terem dado maior ênfase ao problema da percepção, isto é, de um contato realista com o mundo exterior. No caso de Jung, essa deficiência é mais notável, pois o ego freudiano resulta de um conflito com o mundo externo; o de Jung é de origem desconhecida (Fordhem, 1964, p.21) e parece voltado para si mesmo, pois o seu contato mais importante se dá com o inconsciente, e não com o mundo externo. Por isso, os junguianos podem dizer que o ego é uma pequena ilha que flutua no oceano do inconsciente (Idem, ibidem).

O inconsciente pessoal

O inconsciente pessoal é formado pelo conteúdo que foi posto de lado, ou que foi reprimido por ser desagradável. No primeiro caso, há apenas um afastamento, pois a consciência só pode conter poucos elementos ao mesmo tempo. No segundo, há a intenção de afastar um conteúdo desagradável. De qualquer modo, o inconsciente pessoal pode ser reconquistado, seja espontaneamente, seja através de uma técnica especial (como seria a associação livre). Embora tenha uma parte ligada ao inconsciente coletivo, a sombra é o aspecto mais importante do inconsciente individual.

A sombra

Jung define a sombra como "o lado negativo da personalidade, a soma de todas as qualidades desagradáveis que gostamos de esconder, juntamente com funções insuficientemente desenvolvidas e o conteúdo do inconsciente pessoal" (Jung, 1963). A conhecida história de Stevenson – *O médico e o monstro* – é bom exemplo para indicar o sentido do ego e da sombra: o moço delicado, Dr. Jeckyll, é o ego; a figura que resume as qualidades negativas – como a feiura, a vida instintiva, isto é, Mr. Hyde – é a sombra. Um outro caso em que se pode ver essa oposição é o de personalidades múltiplas, quando ocorre uma dissociação entre aspectos positivos e negativos, isto é, entre aspectos aceitos e recusados pelo ego. Nos pouquíssimos casos de dissociação, a personalidade boa – que, na linguagem de Jung, corresponderia ao ego – ignora a personalidade má, que nessa terminologia seria a sombra. Embora seja arriscado generalizar a partir de número tão pequeno de casos, estes sugerem que Jung teve uma intuição adequada do processo de separação de tendências antagônicas. Outro aspecto significativo para Jung é a necessidade de oposição, pois é esta que garante a vitalidade da pessoa.

Como ocorre em todos os aspectos de sua teoria, Jung procura ligar a noção de sombra às crenças e lendas primitivas. Estas mostram que o homem considera a sombra – no sentido físico – como parte de sua pessoa, e teme que, através da sombra, o seu corpo possa ser atingido.

Um conto de Hans Christian Andersen (1951) – intitulado *A sombra* – apresenta um desenvolvimento dessas lendas. O personagem, que não podia entrar na janela de misteriosa casa que ficava em frente à sua, pede à sombra que vá visitá-la e depois venha contar o que viu. A sombra vai e não volta. Aos poucos, o homem vê nascer uma nova sombra que o acompanha mas, anos depois, sente-se fraco e recebe a visita da primeira sombra. Esta desejava ser uma pessoa e, depois de vários incidentes, manda prender e matar o personagem, acusando-o de ser uma sombra que desejava transformar-se em gente. Embora faça referência à sombra física, o conteúdo psicológico do conto é bem nítido, e aproxima-se da interpretação de Jung: a sombra pode adquirir autonomia e destruir o ego.

Embora inicialmente acentue o aspecto individual da sombra, Jung sugere também a sua ligação com o inconsciente coletivo. Neste, a sombra é representada pelo demônio – embora, é curioso notar, o demônio seja descrito, na lenda popular, como a figura sem sombra.

De um ponto de vista dinâmico e terapêutico, a sombra é importante por várias razões. Em primeiro lugar, porque o indivíduo seria incompleto se não aceitasse a sombra e, mais ainda, a tentativa de sufocá-la inteiramente provoca o seu aparecimento incontrolável. Em segundo lugar, tendemos a projetar, nos outros, as qualidades da sombra, isto é, as que nos recusamos a aceitar como nossas. Por isso, a saúde mental não consiste em reprimir totalmente esse negativo do ego, mas em conseguir a sua integração e expressão adequadas. Desse ponto de vista, como se nota, a teoria de Jung não se afasta muito da de Freud, para quem a repressão indiscriminada da vida instintiva é a origem da neurose.

O inconsciente coletivo

Abaixo do inconsciente individual está o inconsciente coletivo. Se aquele resulta de experiências individuais, o inconsciente coletivo resulta da soma das experiências ancestrais do homem. Segundo Jung, o inconsciente coletivo ocupa a maior parte da vida mental do homem, pois a consciência é um desenvolvimento relativamente tardio na história humana. No inconsciente coletivo estão os arquétipos, e esses conceitos são os mais criticados na teoria de Jung, mas, ao mesmo tempo, os que mais nitidamente caracterizam o seu pensamento e suas explicações para a experiência humana.

O inconsciente coletivo pode ser compreendido como conceito destinado a explicar o aparecimento de imagens semelhantes, em indivíduos e grupos que nunca estiveram em contato. Por exemplo, a semelhança entre certas formas de alucinação não pode ser explicada através de características individuais. Na realidade, se tais imagens e visões decorressem de peculiaridades individuais, deveriam ser tão diferentes quanto o são os indivíduos. O mesmo pode ser dito a respeito das imagens que aparecem nos sonhos ou em obras de arte. A dificuldade para aceitar o conceito resulta da impossibilidade de conhecer diretamente o conteúdo do inconsciente coletivo, ou a sua origem. Jung parece ter oscilado nessa conceituação. Inicialmente falava em hereditariedade, mas, diante das críticas, passa para posição diversa, igualmente criticável. Em um de seus últimos trabalhos, diz Jung:

> Minhas opiniões sobre "restos arcaicos", que denomino "arquétipos" ou "imagens primitivas", têm sido constantemente criticadas por pessoas que não têm suficiente conhecimento da psicologia dos sonhos e de mitologia. O termo "arquétipo" é freqüentemente mal entendido, como se tivesse o sentido de alguns motivos ou algumas imagens mitológicas definidas. Mas estas são apenas representações conscientes; seria absurdo supor que essas representações variáveis pudessem ser herdadas.
>
> O arquétipo é uma tendência para formar essas representações de um motivo – representações que podem variar muito quanto aos pormenores, sem perder seu padrão básico (...) Meus críticos supuseram incorretamente que me refiro a "representações inatas", e com isso afastaram, como simples superstição, a idéia de arquétipo (...) [Os arquétipos] são, na realidade, uma tendência instintiva,

como se vê no impulso dos pássaros para construir ninhos, ou de formigas para formar colônias organizadas (...) [Os arquétipos] não têm origem conhecida; reproduzem-se em qualquer época ou qualquer local do mundo – mesmo onde a transmissão por descendência direta ou "fertilização cruzada", através de migração, precisa ser afastada. (Jung, 1964a, p.67, 69)

Esse texto, que pretende ser resposta aos críticos, contém duas contradições. A primeira refere-se ao conceito de instintos: esses padrões inatos são sempre os mesmos, em qualquer época ou qualquer lugar. Aproximar os arquétipos desses padrões seria, portanto, admitir que são sempre os mesmos – quando, ao contrário, Jung pretende mostrar que são predisposições. A segunda contradição refere-se ao "desencadeamento" da ação: no padrão instintivo, estudado pelos etologistas, há um estímulo externo que desencadeia um padrão uniforme de comportamento (por exemplo, diante da fêmea o macho apresenta uma série de comportamentos sempre iguais ou quase iguais). O arquétipo, ao contrário, é postulado como disposição "interna" do homem, e que este é capaz de identificar em certas imagens externas. Finalmente, na mesma página lembra o caso de um paciente que teve uma visão repentina, e ficou com medo de estar mentalmente perturbado. Jung apresenta, a esse paciente, um livro com um desenho idêntico à visão: "conheciam sua visão há quatrocentos anos", diz Jung. Isso mostra que as imagens arquetípicas podem ser exatamente iguais.

Esse comentário procura mostrar que Jung efetivamente oscila quanto à concepção do inconsciente coletivo e dos arquétipos aí apresentados. A dificuldade, no caso, resulta da impossibilidade de admitir a transmissão de caracteres adquiridos, ou de imagens repetidas gerações após gerações – e Jung chega a sugerir a continuidade do inconsciente coletivo, desde os animais.

A Sizígia: *Anima* e *Animus*[4]

A sombra tem o mesmo sexo que o ego. Mas, na região do inconsciente coletivo, o homem possui uma alma feminina, *anima*, enquanto a mulher possui uma alma masculina, o *animus*. A *anima* ajuda o homem a compreender a natureza feminina, enquanto o *animus* auxilia a mulher na compreensão da natureza masculina. Na realidade, *anima* e *animus* indicam mais do que isso, pois significam que o homem tem aspectos femininos e, a mulher, aspectos masculinos; em alguns casos, esses aspectos podem passar para a vida consciente e dar um colorido bem nítido de feminilidade ou masculinidade.

Embora a *anima* receba influência formadora da mãe, e o *animus* influência do pai, são arquétipos – representações da experiência ancestral do homem com a mulher, e, no caso do *animus*, da mulher com o homem. Em alguns textos, Jung fala da *anima* como Eros – sentimento, amor – e do *animus* como Logos – palavra, entendimento. Mas isso não significa que esses arquétipos sejam sempre iguais. Em seu aspecto positivo, a *anima* pode aparecer como deusa, como encarnação da sabedoria ou da pureza; em seu aspecto negativo, pode surgir como a mulher fatal, a sedutora, a prostituta, a sereia. Na realidade, os junguianos consideram como projeções da *anima* todas as figuras básicas de mulher que aparecem nas lendas e na literatura erudita, para não falar na religião ou na política. M. L. von Franz, por exemplo, considera como projeções da *anima* – em diferentes estágios de desenvolvimento – desde a Virgem Maria até as moças de *strip tease* (Franz, 1964). Com o *animus* ocorre o mesmo. A imagem do *animus* pode aparecer como o rapaz forte e corajoso, como o salvador ou o bandido. Portanto, esses arquétipos podem facilitar, mas também impedir a compreensão da mulher pelo homem, e vice-versa.

O eu

Como se observa pela figura que representa a concepção junguiana da personalidade, o eu está colocado no centro da

---
4 Jung, 1964b.

personalidade, e participa de seus aspectos conscientes e inconscientes. Isso procura indicar que, para Jung, o eu é um processo de integração e desenvolvimento. Mais ainda, é um objetivo que poucos atingem. Num de seus últimos livros – mais de religião que propriamente de psicologia –, Jung apresenta Cristo como analogia do eu:

> se precisamos lembrar os deuses da antiguidade a fim de avaliar o valor psicológico do arquétipo anima-animus, Cristo é nossa analogia mais próxima do eu e de seu sentido (...) No entanto, embora os atributos de Cristo (consubstancialmente com o Pai, co-eternidade, filiação, partenogênese, crucificação, Cordeiro sacrificado entre opostos, Um dividido em muitos etc.), indiscutivelmente o assinalem como a corporificação do eu visto do ângulo psicológico correspondem apenas à metade do arquétipo.[5]

Referências bibliográficas

ANDERSEN, H. C. A sombra. In: BUARQUE DE HOLANDA, A.; RÓNAI, P. (org.) *Mar de histórias*. v.II, Rio de Janeiro: José Olympio, 1951.

BRILL, A. A. Introduction. In: *Basic Writings of Sigmund Freud*. Nova York: Modern Library, 1938.

FORDHEM, F. *An Introduction to Jung's Psychology*. Harmondworth: Penguin Books, 1964.

FOULQUIÉ, P.; DELEDALLE, G. *A Psicologia Contemporânea*. São Paulo: Nacional, 1960.

FRANZ, M. L. Von. The Process of Individuation. In: JUNG, C. G. et al. (org.) *Man and his Symbols*. Londres: Aldus House, 1964.

---

5 O autor planejava um final diferente para o capítulo dedicado a Jung, com a utilização das páginas 277 e 278 das *Memórias* nas quais identificava "um resumo de sua filosofia final". (N. O.)

JACOBI, J. *The psychology of C. G. Jung*. 6ed. New Haven: Yale University Press, 1962.

JONES, E. *The Life and Work of Sigmund Freud*: years of maturity 1901-1919 v.2, 3.imp. Nova York: Basic Books, 1956, p.144.

JUNG, C. G. *Tipos psicológicos*. 4ed. Buenos Aires: Sudamericana, 1947.

_____. *Symbols of Transformation*. Londres: Routledge & Kegan Paul, 1956.

_____. New Paths in Psychology. *Two Essays on Analytical Psychology*. Nova York: Meridian Books, 1961a.

_____. On the Psychology of the Unconscious. *Two Essays on Analytical Psychology*. Nova York: Meridian Books, 1961b, p.82. (1ed. 1943)

_____. Relations between the Ego and the Unconscious. *Two Essays on Analytical Psychology*. Nova York: Meridian Books, 1961c.

_____. A Psychological Theory of Types. *Modern Man in the Search of a Soul*. Londres: Routledge, 1961d, p.85-108 (1ed. 1933).

_____. *Memories, Dreams and Reflections*. Londres: Collins and Routledge & Kegan Paul, 1963.

_____. Approaching the Unconscious. *The Man and his Symbols*. Londres: Aldus/ W.H. Allen, 1964a, p.67, 69.

_____. *Answer to Job*. Londres: Hodder & Stoughton, 1965.

MANN, T. *The Magic Mountain*. Trad. H. T. Lowe Porter, Harmondworth: Penguin Books, 1962.

MULLAHY, P. *Oedipus Myth and Complex*: a Review of Psychoanalytic Theory. Nova York: Grove Press, 1955.

SPRANGER, E. Formas de vida. 4ed. Madri, *Revista de Occidente*, 1954.

WEIZSAECKER, V. von. Reminiscences of Freud and Jung. In: NELSON, B. (ed.) *Freud and the 20th Century*. Nova York: Meridian Books, 1957.

WOODWORTH, R. S. *Contemporary Schools of Psychology*. 8ed. Londres: Methuen, 1956.

Índice onomástico

Os nomes em itálico são de personagens.

A
Adelson, J., 78
Adler, Alfred, 223, 238
Aguirre, Maria José de Barros
   Fomari, 11
Alencar, José de, 58-9
Alinari, J. M, 55
Allers, R., 211-2
Allport, Gordon, 112
Anastasi, Anne, 54
Anaxágoras, 125
Andersen, H. C., 242-3
Anna O., 183-4
Anouilh, Jean, 41-2
Antonio Conselheiro, 129
Aristóteles, 43-4, 125
Arnheim, R., 47-8, 51
Asch, S. E., 25-8, 40, 76-7, 94-103, 113
Atkinson, R. C., 103

B
Bacon, F., 41
Baldwin, A. L., 115, 118
Ballachey, E., 118
Baudoin, C., 55, 59
Baynes, C. F., 54
Benedict, R., 91
Bergler, J., 55
Bergson, H., 234
Bernays, Martha, 158, 160-2
Bernays, Minna, 165-7
Bernheim, H., 176-80, 186
Bernreuter, R. G., 238
Bettelheim, B., 75
Binet, A., 46
Bizet, Georges, 222
Bleuler, E., 229, 230
Bonaparte, Marie, 186, 247
Bori, Carolina Martucelli, 11
Boullough, E., 46

Braid, J., 176-7
Brentano, Franz, 159
Breuer, J., 179-86, 188, 193, 224
Breuer, Matilde, 182-4
Brill, A. A., 228-9
Brodbeck, M., 22
Bromberg, W., 175
Brücke, E. W. R. von, 159-61, 183
Brumer, J. S., 76n.
Brunsvik, Else Frenkel, 38
Buarque de Holanda, Aurélio, 247
Büchner, L., 225-6
Buytendijk, F. J. J., 127
Bychowski, G., 57

C
Carmichael, L., 115
Carnap, R., 23
Carvalho, Cecília Brasilísia de, 73n.
Cassirer, Ernst, 20-1, 37
Cattell, J. M., 22
Charcot, J. M., 130, 176-8, 181, 183-6
Chrobak, R., 181
Coleridge, S. T., 44
Copérnico, N., 124
Crutchfield, R. S., 111-3
Cruz Costa, João, 16
Cunha, Euclides da, 129

D
Daiches, D., 53
Darwin, Charles, 225-6
Deledalle, G., 118, 247
Dell, S., 54
Descartes, R., 41
Dewey, John, 22
Dilthey, W., 125, 236-7
Dostoiévski, F., 47, 58
Du Bois-Reymond, Ernil, 160, 225-6

Dumas, George, 19
Durkheim, E., 41, 89

E
Édipo, 48, 51, 193
Einstein, Albert, 37, 39
Elliotson, J., 175-6
Eysenck, H. J., 152, 238

F
Fechner, G. T., 44-5
Feigl, H., 22-3
Fingerit, M., 55
Fleming, C. M., 78
Fliess, W., 164-5, 179, 185-91, 193
Fluss, Emil, 157
Fluss, Gisela, 158, 161
Fordhem, Frieda, 238, 241
Foulquié, P., 112, 234
Franz, M. L. von, 248
Freitas, Iracy Igayara de, 73n.
Freud, Alexandre, 155
Freud, Amália, 155
Freud, Anna, 165
Freud, Emanuel, 155
Freud, Ernst L., 162, 165-6
Freud, Felipe, 155
Freud, Jacob, 155-6, 161
Freud, João, 156, 193
Freud, Matilde, 165, 182-3
Freud, Martin, 162, 166-7
Freud, Oliver, 165
Freud, S., 32-3, 38, 47-8, 50-4, 66, 93, 112, 130, 151-69, 174, 178-215, 217-8, 223-34, 238, 241, 243
Freud, Sophie, 165
Fromm, E., 93, 153, 163, 167

G
Galeno, C., 236

Galileu, 37, 41, 124-5, 152
Galvão, Edison, 73n.
Gesell, A., 115
Goldstein, K., 12
Grillo, Cléa, 73n.
Guidoni, Maria Lúcia de Castro, 73n.

H
Hall, G. S., 22
Hamlet, 48, 51, 193
Hans Castorp, 233
Hardin, G., 103
Hartley, E. L., 88
Hauser, Arnold, 51
Heider, F., 11, 76, 117
Helmholtz, Hermann, 160
Hemper, C. H., 23
Heráclito, 234-5
Herder, J. G., 157
Hering, Ewald, 182
Herzog, Elizabeth, 164n.
Hesíodo, 43
Highet, G., 78
Hilgard, E. R., 100
Hitler, A., 92
Homero, 43
Horney, Karen, 12
Hull, Clark, 23, 41, 131
Huxley, Aldous, 53

J
Jacobi, Jolande, 230, 234, 239
Jaensch, W., 46
Jaffé, Aniela, 217-8
Janet, P., 224
Janowitz, M., 75
Jersild, A. J., 114
Jones, Ernest, 48, 153, 159, 162-5, 179, 182-4, 188, 191-4, 230

Jung, C. G., 46, 53-4, 151-2, 171, 188, 193, 217-47
Jung, Emma, 228

K
Kafka, Franz, 56, 58
Kant, E., 16, 221
Katz, J., 78
Klineberg, O., 113
Koffka, K., 22
Köhler, W., 20, 22, 106
Kracauer, S., 55
Krafft-Ebing, E. von, 222
Kraemer, H., 172
Krech, David, 111-3
Kretschmer, E., 46
Kris, E., 186-7
Krokowski, 233
Krug, W. T., 225
Külpe, O., 45

L
Langer, S. K., 20-2
Leites, N., 48
Lesser, S., 55
Liébault, A. A., 176, 179
Lipps, Theodor, 45
Lowe-Porter, H. T., 248

M
MacCoby, E. E., 88
Machado de Assis, J. M., 29, 58-9
Malinowski, Bronislaw, 170
Mann, Thomas, 233
Maria Antonieta, 143
Marx, Karl, 152
Maslow, A. H., 67
McCarthy, Mary, 78
McDougall, W., 12
Mead, Margaret, 91

Mesmer, F. A., 174-7
Meumann, E., 54
Moleschott, J., 225-6
Mondolfo, Rodolfo, 124
Montaigne, M., 17
Muensterberger, W., 59
Mullahy, Patrick, 230
Murphy, G., 112-3
Mussolini, B., 141

N
Nachmansohn, M., 211
Napoleão, 137-8
Nathanson, Amália. *Ver* Freud, Amália
Nelson, Benjamin, 249
Newcomb, T. M., 88
Newton, I., 41
Nietzsche, F., 16, 44, 207, 221

O
Ortega y Gasset, José, 127

P
Pasteur, Louis, 152
Pavlov, I., 39, 53
Philips, W., 55
Platão, 16, 43-4, 56, 68
Postman, L., 249
Pötzl, Otto, 211-2

Q
Quincas Borba, 29

R
Rank, Otto, 53
Rapaport, D., 211
Read, Herbert, 46, 116
Ribot, T., 20
Rieff, Philip, 153

Riesman, David, 93
Roffenstein, G., 211
Rónai, Paulo, 247
Roosevelt, F. D., 141

S
Sachs, Hanns, 156
Salk, Jonas, 33
Sanford, Nevitt, 88
Sarbin, T. R., 147
Sartre, J. P., 135
Schopenhauer, A., 221
Schroetter, Karl, 211
Schwägelin, Anna Maria, 173
Sears, R. R., 75
Shakespeare, W., 51
Sheldon, W. H., 46
Simmel, G., 74
Skinner, B. F., 23, 26-7
Sófocles, 48, 51, 157
Spence, Kenneth W., 24-5, 39-40
Spranger, E., 237
Sprenger, J., 172
Stekel, W., 209
Stern, C., 12, 115
Stevenson, R. L., 242
Strachey, J., 198, 209
Stumpf, Carl, 45
Sullivan, H. S., 12
Swoboda, H., 187

T
Teller, J., 211-2
Thielens Jr., W, 104
Tolman, E. C., 23
Trilling, L., 59
V
Vanni, Carlos, 73n.
Vela, Fernando, 45

W

Ward, L. M., 175
Warren, A., 53
Watson, J. B., 12, 18, 22, 39-40, 53
Weininger, O., 187
Weizsaecker, Viktor von, 232-3
Wellek, R., 53
Werner, H., 12
Wertheimer, Max, 22
Wilbur, G. B., 59

Wolfenstein, Martha, 48
Woodrow, H., 35
Woodworth, R. S., 234
Wundt, W., 17, 22
Wyss, Dieter, 153

Z

Zborowski, Mark, 164n.
Zilboorg, Gregory, 170-3

SOBRE O LIVRO

Formato: 14 x 21
Mancha: 23 x 39 paicas
Tipologia: Iowan Old Style 10/14
Papel: Offset 75 g/m2 (miolo)
1ª edição: 2009

EQUIPE DE REALIZAÇÃO

Capa
Isabel Carballo

Edição de texto
Geisa Mathias de Oliveira e
Alberto Bononi (Revisão)

Editoração Eletrônica
José Vicente Pimenta e
Edmílson Gonçalves

Impressão e Acabamento: Edições Loyola